DANIEL CHARNEAU

JACK L'EVENTREUR

Théâtre

Tragi-comédie policière

BOD : BOOKS ON DEMAND

Éditeur : BoD-Books on Demand,
12/14 rond point des Champs Élysées, 75008
Paris, France

Je remercie mes premiers lecteurs, Christine, Philippe et Patrick, pour leurs encouragements et leurs critiques, sans lesquels je ne serais pas allé au bout de ce projet.

Je remercie le président de la troupe « Les Comédiens de Thorigny », Daniel Dubois pour la confiance qu'il m'a témoignée en acceptant de présenter cette pièce.
Merci aux membres de l'association qui ont participé à la création sur scène de « Jack l'éventreur ».

Enfin, je remercie ceux qui continuent de me rappeler gentiment avec quel plaisir ils ont joué la pièce ou l'ont vue.

Daniel Charneau

JACK L'EVENTREUR

JACK L'EVENTREUR

PERSONNAGES

La famille Gatewood et son entourage
VICTORIA GATEWOOD, la Comtesse de Chester
MAXIMILIEN GATEWOOD, son fils
EMILY GATEWOOD, sa fille
TRISTAN RUNWALD,
ELLEN SMITH-ANJOU,
EDWARD SMITH-ANJOU,
GEORGES FLETCHER, le majordome

Les lecteurs du Morning Post et du Daily Telegraph
RUPERT FIX,
MARTHA FIX, son épouse
1er PASSANT,
2ème PASSANT,
FIGURANTS, passants, acheteurs de journaux et badauds

Les agents de Scotland Yard
WHILLIAM STANHOPE, inspecteur
FIGURANT, agent

Les Londoniens de Whitechapel
MARY STONEL
1er CRIEUR
2ème CRIEUR, 10 à 12 ans, vendeurs de journaux
AMANDA PAYTON, tenancière du bordel « Les roses d'Amanda »
WENDY PIKE et JANE, prostituées aux « Roses d'Amanda »
BRIAN, ALAN, JOE, EDDY et FIGURANTS, clients du bar

Tableau I

ASSASSIN DANS LONDRES

Décor : une rue de Londres de la fin du 19ème siècle, un réverbère, un banc public.

Scène 1 : Mary, 1er crieur.

(Mary est assise sur un banc elle écrit dans son journal personnel. Le 1er crieur, un enfant, entre. De temps en temps un passant traverse la scène au fond, dans un sens ou dans l'autre.)

1er CRIEUR – Demandez le Daily Telegraph ! L'Eventreur frappe pour la troisième fois ! Ben y a pas grand monde ce matin ! *(Il s'approche de Mary)* Vous voulez lire le Daily Telegraph Mademoiselle ?

MARY – Non merci.

1er CRIEUR – Vous êtes sûre ? A cause que, vous devez rudement vous embêter, toute seule comme vous êtes, avec rien à faire !

MARY – Je ne m'ennuie pas ! J'attends quelqu'un.

1ᵉʳ CRIEUR *(s'asseyant à côté d'elle)* – Qui ça ?

MARY – Je ne réponds pas aux questions indiscrètes.

1ᵉʳ CRIEUR – Vous savez lire Mademoiselle, si c'est pas indiscret comme question ?

MARY – Oui.

1ᵉʳ CRIEUR – Oui quoi ?

MARY – Oui, je sais lire.

1ᵉʳ CRIEUR – Vous avez d'la chance ! Moi je vends des journals, mais je sais pas lire ... Mes parents disent qu'il vaut mieux les vendre que les lire, parce que lire ça remplit pas le ventre.

MARY – Mais ça remplit la tête ! Et on dit « les journaux ».

1ᵉʳ CRIEUR – Vous pouvez lire votre cahier pour moi, Mademoiselle ?

MARY – Non !

1ᵉʳ CRIEUR – S'il vous plaît !

Tableau I, scène 1

MARY – Non, c'est un journal personnel. Ce que j'écris ne regarde personne ! ... *(L'enfant boude.)* Allons ... ne te vexe pas, petit indiscret ! Tiens, je vais te lire le journal ... *(Elle lui prend un journal et lit.)*

1er CRIEUR – Chouette ! Lisez-moi la page de l'éventreur. J'aime bien les histoires qui font un peu peur !

MARY – « Il y a trois jours, le 25 septembre 1888, la police de Londres découvrait à nouveau, le corps atrocement mutilé d'une prostituée, dans le quartier de Whitechapel. Aujourd'hui l'affaire rebondit.... » Tiens, qu'est-ce que je faisais le 25 septembre ?

1er CRIEUR – Moi, je vendais les journals dans la rue, comme maintenant

MARY – Et moi ... ? Mais bien sûr ! J'attendais Maximilien, comme en ce moment.

1er CRIEUR – S'cusez-moi Mademoiselle, mais vous m'embarrassez en rapportant des indiscrétions de la vie privée.

MARY – Petit malin va !

1er CRIEUR – Ouais, j'ai les joues qui m'chauffent ! Alors si vous pouviez m'payer, j'pourrais aller cacher ma honte au coin d'la rue.

MARY – Te payer ?

1ᵉʳ CRIEUR – Ben quoi ? Vous l'avez lu le Daily Telegraph si j'm'abuse ! C'est pas gratuit vous savez ! Et vous n'oseriez pas voler un pauvre petit enfant des rues comme moi, j'espère !

MARY – Quel toupet ! *(Elle paie le journal. Le crieur sort.)*

Scène 2 : Mary, Maximilien, Fletcher.

MARY – Lisons-le, maintenant qu'il est payé … *(Elle reprend sa lecture silencieusement quelques secondes.)* Quelle coïncidence ! Je suis presque sûre ! *(Elle laisse le Daily Telegraph pour ouvrir son journal intime. Elle vérifie une page, puis tourne les pages en arrière. Elle s'arrête pour lire un passage et recommence pour un 3ᵉᵐᵉ passage. Maximilien entre et l'entend. Il est suivi de près par Fletcher.)* Ça alors !

MAXIMILIEN – Mary !

(Ils s'élancent l'un vers l'autre et s'étreignent. Pendant ce temps, Fletcher se cache et les espionne.)

MARY – Que je suis heureuse de te voir ! Tu m'as manqué ces deux derniers jours !

FLETCHER – Petit cachottier !

MARY – Et moi, je t'ai manqué ?

Tableau I, scène 2

MAXIMILIEN – Tout le temps ! Je ne pensais qu'à toi, mais je ne trouvais le moyen d'échapper ni à ma mère ni à Ellen.

MARY – C'est insupportable ! Il faut que tu leur parles.

MAXIMILIEN – Je le ferai.

MARY – Quand ?

MAXIMILIEN – Bientôt !

MARY – Ce soir ?

MAXIMILIEN – Non pas ce soir !

MARY – Pourquoi ?

MAXIMILIEN – Je ne suis pas prêt ! Je ne sais pas comment leur dire. Et puis, il y a cette soirée chez les Huxington... Rassure-toi Mary, je n'aime que toi.

MARY – Tu leur dis comme tu viens de me le dire !

MAXIMILIEN – Ça déclencherait un petit scandale ! Le fils de la Comtesse de Chester rompt avec sa fiancée pendant la soirée de gala de lord et lady Huxington !

MARY (*peinée et s'écartant un peu*) – Tu ne m'aimes pas... Pas vraiment !... Pas comme moi je t'aime.

FLETCHER – Qu'est-ce qu'ils se racontent ces deux-là !

MAXIMILIEN – Allons ! Mary !

MARY – Sans cœur ! Si l'éventreur m'avait assassinée, tu m'aurais déjà oubliée, va !

MAXIMILIEN – Pourquoi me parles-tu de cette affaire ? Quel rapport avec nous ?

MARY – Je viens de lire le Daily Telegraph, et, figure-toi que les meurtres commis par l'éventreur ont eu lieu les jours où nous avions rendez-vous !

MAXIMILIEN – Que dis-tu là ?

MARY – J'ai vérifié dans mon journal personnel. L'éventreur aurait pu me tuer puisque nous étions séparés de lui que de quelques rues.

MAXIMILIEN – Ne dis pas ces horreurs !

(Le 2ème crieur entre, regarde à droite et à gauche et va s'asseoir.)

FLETCHER – Il faut que je sache qui est cette fille ! Les renseignements, c'est le beurre sur mes épinards !

MAXIMILIEN – Pardonne-moi ! Ma chérie ! Je sais que c'est difficile à comprendre ! Vois-tu quand je suis devant ma mère, les mots me restent dans la gorge !

Tableau I, scène 2

MARY *(fâchée)* – Et bien tousse !

MAXIMILIEN – Allez, pardonne-moi ! Je t'en prie !

MARY – Je veux bien te pardonner, mais tu devras faire quelque chose pour moi.

MAXIMILIEN – Accordé.

(Un passant entre, voit le 2ème crieur et s'avance vers lui pour acheter un journal, puis il repart.)

MARY – N'accompagne pas Ellen ce soir chez les Huxington ! Reste avec moi !

MAXIMILIEN – *(après un silence)* Très bien ! Où allons-nous ?

MARY – Chez mon père ! On y sera tranquille. Il n'y a pas que des éventreurs à Whitechapel, tu sais ?

MAXIMILIEN *(la prenant par la taille pour sortir)* – Non, il y a aussi des amoureux !

(Deux passants entrent et descendent, ils croisent Maximilien et Mary qui sortent. Fletcher sort de sa cachette et interroge l'un d'eux.)

FLETCHER – Bonjour monsieur. J'ai cru reconnaître cette jeune personne qui s'éloigne, ne serait-ce pas la fille de ... ? *(Faisant semblant de chercher)* **Allons de ... ?**

UN PASSANT – Charles Stonel.

(Le 1er crieur revient.)

FLETCHER – Voilà. Charles Stonel ! Merci monsieur. Je n'étais pas sûr ! Je vais aller la saluer.

(Il sort et croise d'autres passants.)

<u>Scène 3 : 2 crieurs, le 1er passant, Martha et Rupert, le 2ème passant, quelques passants figurants.</u>

1er **CRIEUR** – Demandez le Daily Telegraph ! L'éventreur frappe pour la troisième fois !

2ème **CRIEUR** – Achetez le Morning Post ! L'assassin de Whitechapel nargue Scotland Yard !

(Des passants viennent acheter le journal en entendant les cris.)

1er **CRIEUR** – Des révélations exclusives dans le Daily Telegraph !

2ème **CRIEUR** – L'Eventreur écrit à la police ! Lisez son courrier dans le Morning Post !

Tableau I, scène 3

1ᵉʳ PASSANT *(au 2ᵉᵐᵉ crieur)* – Le Morning post.

2ᵉᵐᵉ CRIEUR – Oui M'sieur ! Deux schillings M'sieur.

(Rupert et Martha s'approchent du 2ème crieur. Martha semble impatiente et furieuse.)

1ᵉʳ PASSANT – Voilà.

RUPERT – Le journal mon garçon !

2ᵉᵐᵉ CRIEUR *(lui donnant après avoir reçu une pièce)* – Merci M'sieur.

(Le 1ᵉʳ passant s'éloigne un peu et ouvre le journal. Regards furieux du 1ᵉʳ crieur au 2ᵉᵐᵉ.)

MARTHA *(agacée)* – Alors ?

RUPERT – Encore deux minutes, deux petites minutes ma colombe...!

1ᵉʳ CRIEUR – Demandez le Daily Telegraph ! Demandez le Daily Telegraph !

2ᵉᵐᵉ CRIEUR *(se rapprochant du 1ᵉʳ)* – Achetez le Morning Post !! ... Achetez le Morning Post !

(Un 2ᵉᵐᵉ passant arrive, les crieurs s'approchent de lui en se poussant du coude.)

1ᵉʳ CRIEUR *(poussant du coude l'autre crieur)* – Tout sur les horreurs commises dans le quartier de Whitechapel !

(Le passant paraît tenté par ce journal.)

2ᵉᵐᵉ CRIEUR – Les victimes étaient des prostituées ! L'avis du docteur Freud dans le Morning Post !

(Le passant hésite.)

1ᵉʳ CRIEUR – Le nom de l'assassin dans le Daily Telegraph !

2ᵉᵐᵉ PASSANT – Je le prends ! *(Il saisit le journal, donne une pièce et s'écarte.)*

(Le 1ᵉʳ crieur bouscule le 2ᵉᵐᵉ crieur qui laisse tomber sa pile de journaux. Il ramasse et poursuit le 1ᵉʳ qui sort en courant.)

1ᵉʳ CRIEUR *(en criant)* – Daily Telegraph ! Daily Telegraph !

Scène 4 : Les mêmes moins les crieurs.

MARTHA – Alors ?

RUPERT – Bonté divine …! *(solennel)* Ma chère, je refuse de répéter de pareilles horreurs. Ces journalistes écrivent des choses …choquantes.

Tableau I, scène 4

MARTHA – Je me fiche du journal, Rupert. Je veux rentrer !

LE 1er PASSANT – Vous avez lu ? Il poignarde des femmes et les découpe en morceaux !

MARTHA *(horrifiée)* – Aah ! Des morceaux ! ? Mais ...mais...

1er PASSANT – Oui Madame. Il leur coupe les ... *(Il signifie la poitrine d'un geste des mains.)*

RUPERT – Hola ! Je ne vous autorise pas à prononcer des... des mots... aux oreilles chastes de Mme Fix !

MARTHA *(le bousculant)* – Mais taisez-vous Rupert ! *(au 1er passant, fascinée)* Vous disiez qu'il leur découpe les ... les... *(Elle fait le même geste.)*

2ème PASSANT – Les reins !

LES AUTRES – Ah ?

1er PASSANT – Que lisez-vous ?

2ème PASSANT – Le Daily Telegraph.

RUPERT – Et bien, lisez, puisque vous avez commencé !

2ème PASSANT *(lisant)* – « Il y a trois jours, le 25 septembre 1888, la police de Londres découvrait à nouveau,

21

le corps atrocement mutilé d'une prostituée, dans le quartier de Whitechapel ... »

MARTHA – Quelle horreur ! Mais quelle horreur ... !

2ème PASSANT *(poursuivant sa lecture)* – « Aujourd'hui l'affaire rebondit. Le Yard a reçu, hier, 27 septembre, par la poste, un paquet macabre contenant un rein conservé dans l'alcool ... »

MARTHA – Quelle horreur ! Mais quelle horreur ... !

1er PASSANT – Cette information figure aussi dans mon journal ! *(lisant)* « Le paquet était accompagné d'une lettre, cependant nous en ignorons encore le contenu ... »

MARTHA – Quelle horreur ! Mais quelle horreur ... ! Rupert, est-ce que vous vous rendez compte que nous habitons à deux pas de Whitechapel ?

RUPERT – Je m'en rends compte ! Je m'en rends compte !

MARTHA – Nous déménagerons au plus vite. Ce quartier devient insupportable pour une honnête femme !

2ème PASSANT – Le Daily Telegraph est mieux informé, mon cher. *(lisant)* « L'assassin révèle à la police qu'il a mangé l'autre rein. »

Tableau I, scène 4

MARTHA – Quelle horreur ! Mais quelle horreur !

2ème PASSANT – Nous avons à faire à un cannibale !

1er PASSANT – Le détail est croustillant !

MARTHA – Croustillant ... ! ? Ah... ! Rupert ...! J'en ai assez entendu ...! Partons d'ici, nous sommes à deux rues de ce maudit quartier.

1er PASSANT – Ne craignez rien chère Madame !

MARTHA *(le prenant à partie)* – Comment ça « Ne craignez rien ? » ! Trois femmes assassinées dans le même quartier en un mois : violentées, mutilées, et à présent dévorées... et vous trouvez qu'il n'y a pas de raison de s'inquiéter ? Mais vous n'avez pas le sens commun mon p'tit bonhomme !

(Le 1er passant prend un air vexé.)

RUPERT – Calmez-vous, Martha ! Permettez-moi, mon doux rossignol, de vous faire remarquer que Monsieur ne dit rien de malséant...

MARTHA – La paix, Rupert ! *(Elle plaque sa main sur la figure de son mari et le pousse. Il tombe sur le derrière.)*

2ème PASSANT – Il s'agissait de prostituées, madame, et non de personnes de qualité.

MARTHA – Oui. Ces créatures ne sont pas à proprement parler des dames. Et je suis d'avis qu'elles ont mérité leur sort lamentable. Cependant, le monstre pourrait choisir bientôt d'autres sortes de victimes ! Il faut absolument que la police arrête ce fou ! Sans quoi, je vous le dis messieurs, ce sont les femmes de Londres qui vont devenir folles.

1er PASSANT *(avec un flegme très britannique)* – Oh ! Je croyais qu'elles l'étaient déjà …

(Il part sans saluer, sous le regard des autres.)

MARTHA – Malotru !

Scène 5 : Le 2ème passant, Rupert, Martha et Stanhope.

2ème PASSANT – Ça alors !

RUPERT – Quoi ? Dites vite !

2ème PASSANT – C'est… extraordinaire !

RUPERT – Lisez doux Jésus ! Mais lisez donc !

MARTHA – Rupert ! Ne soyez pas grossier !

2ème PASSANT – La lettre est signée … *(regardant le couple)* Jack… l'éventreur !

MARTHA *(pensive)* – Jack… l'éventreur !

Tableau I, scène 5

RUPERT – Jack l'éventreur se fiche bien de la police ! Il faudrait qu'un Sherlock Holmes s'occupe de son cas !

(Stanhope entre et s'approche de Martha qui ne l'entend pas.)

MARTHA *(perdue dans ses horribles pensées et frissonnant)* – Jack l'éventreur !

2ème PASSANT – Il assassine à tour de bras, toujours dans le même quartier, il laisse des indices, au point de se permettre d'écrire à la police … Si avec tout ça il ne se fait pas pincer, je n'y comprends plus rien.

MARTHA *(dégoûtée)* – Jack l'éventreur !

(Stanhope lui saisit l'épaule, elle se dégage en hurlant.)

STANHOPE – Pardonnez-moi, Madame, je ne voulais pas vous effrayer.

(Le 2ème passant et Rupert rient. Elle se tourne vers son mari.)

MARTHA – Rupert ! *(Elle le pousse et il tombe sur le derrière tandis qu'elle sort vexée, d'un pas décidé.)*
STANHOPE – Excusez-moi, messieurs, Inspecteur William Stanhope de Scotland Yard. Pouvez-vous m'indiquer Les Roses d'Amanda ?

RUPERT – Pour un fleuriste, inspecteur, prenez à droite Park Street, puis la deuxième sur votre gauche juste après le poissonnier, vous faites cinquante mètres, mais attention où vous mettez les pieds, le trottoir est bien abimé à cet endroit, ne vous tordez pas la cheville. Vous verrez alors à droite un salon de thé tenue par cette excellente Mme Pepper qui fait des muffins à damner un saint. Bref, devant ce salon, vous trouverez une gamine qui vend des fleurs dans la rue.

STANHOPE – C'est un malentendu, cher Monsieur. Je me suis mal exprimé. Je cherche une maison close. Les Roses d'Amanda est le nom de l'endroit. Il doit être tout près, mais voyez-vous, je tourne en rond dans ces rues sans le trouver.

RUPERT *(surpris, et ricanant)* – Oh oh ! *(s'apercevant que Martha est revenue et l'attend au fond de la scène.)* Hélas inspecteur, je ne suis pas du quartier ! *(Il fait signe qu'il veut rester à Martha qui s'impatiente.)*

2ème PASSANT – Prenez à gauche, puis à droite après la tannerie, une rue étroite, sale et très calme. La maison est en effet difficile à trouver car elle ne se distingue en rien des autres. D'ailleurs à cette heure-ci elle est fermée. Mais attendez la nuit, et vous verrez… La nuit c'est autre chose ! Pour ma part, je ne m'y risquerais pas.
STANHOPE – Merci messieurs. *(Il salue et fait deux pas vers la sortie).*

RUPERT *(méprisant)* – Jack l'éventreur peut courir longtemps…

Tableau I, scène 5

STANHOPE – Pardon ?

RUPERT – Oh ... je me comprends. N'est pas Sherlock qui veut !

STANHOPE *(haussant les épaules)* – Et vous n'êtes sûrement pas Watson !

RUPERT – Exact, je suis Fix ! Rupert Fix !

STANHOPE – Imbécile ! *(Il sort.)*

RUPERT *(surpris)* – Qu'est-ce qu'il lui prend ? Qu'est-ce que j'ai dit de stupide ?

2ème PASSANT – Réfléchissez un peu ! Qui sont les victimes de l'éventreur ?

RUPERT *(vérifiant encore que sa femme est sortie et plus bas)* – Des prostituées.

2ème PASSANT – Où la police doit-elle chercher l'assassin ?

RUPERT – Chez les prostituées !

2ème PASSANT – Vous y êtes.

RUPERT *(réalisant)* – La boulette ! *(Il court vers la sortie gauche et interpelle Stanhope.)* Pardonnez-moi inspecteur ! Pardonnez-moi !

2ème PASSANT (*haussant les épaules*) – Pauvre type ! (*Il va à droite, croise Martha, la salue d'un signe et sort.*)

<u>Scène 6 : Rupert et Martha.</u>

RUPERT – J'aime la police, inspecteur !

MARTHA – Rupert !

RUPERT – Oui, mon ange !

MARTHA (*avec impatience*) – Que faites-vous ?

RUPERT – Je me suis fort mal conduit avec un inspecteur de police et je veux me faire pardonner.

MARTHA – Parfait Rupert ! Vous êtes un gentleman. Allez-y, mais faites vite !

RUPERT – Merci Martha ! (*Il court à gauche.*)

MARTHA – Rupert !

RUPERT (*stoppant brusquement*) – Oui Martha.

MARTHA – Où se trouve cet inspecteur ?

RUPERT – Tout près d'ici, chez des ….des …euh… Dans une maison … euh … (*déçu*) Chez une fleuriste.

Tableau I, scène 6

MARTHA – Rentrons ! *(Il la suit, renfrogné et traînant des pieds.)*

Tableau II

LA FAMILLE GATEWOOD

Décor : Salon de la Comtesse de Chester : canapé à droite et fauteuils à gauche, bureau au fond.

Scène 1 : La Comtesse, Ellen, Fletcher.

FLETCHER – Je préviens Madame la Comtesse de votre arrivée, Mademoiselle. *(Il sort.)*

(Ellen bout de rage. Puis la comtesse entre.)

LA COMTESSE *(chaleureuse)* – Bonjour Ellen ! Je m'attendais à votre visite, mais pas avant cet après-midi. Qu'avez-vous ? Vous tremblez de colère.

ELLEN *(les larmes aux yeux)* – De colère, oui ! Et de désespoir !

LA COMTESSE – Je pensais que vous veniez me raconter votre soirée chez les Huxington.

ELLEN – Je n'ai malheureusement rien à raconter et je réclame à ce sujet des explications.

LA COMTESSE – Maximilien !

ELLEN – Oui madame, votre fils.

LA COMTESSE – C'est ce que je craignais !

ELLEN – Il n'est pas venu. Tout le monde a remarqué son absence. J'ai dû supporter les sourires en coin des invités. C'était affreusement gênant ! Je me suis sentie comme un animal au zoo. J'aurais bien quitté la soirée sitôt arrivée, si j'avais été certaine de ne pas offenser les Huxington.

LA COMTESSE – Je suis absolument navrée. Je vais régler cette affaire tout de suite, et je vous promets que Maximilien présentera les excuses qu'il vous doit. *(Elle va à son bureau et sonne. Fletcher, le majordome entre.)*

Scène 2 : les mêmes, Fletcher.

LA COMTESSE – Fletcher, savez-vous où est mon fils ?

FLETCHER – Monsieur dort madame la comtesse.

LA COMTESSE – Il dort ! ? A 11 heures ! ? Je vois … Réveillez-le ! Poussez-le du lit s'il le faut. Trouvez ma fille par la même occasion ! Amenez-les-moi ! *(à Ellen)* Je vous prie d'attendre quelques instants dans la bibliothèque. Emily vous tiendra compagnie pendant que je sermonnerai Maximilien.

(Ellen se dirige vers la porte et se retourne juste avant de sortir.)

ELLEN – Ne soyez pas trop dure, Madame !

LA COMTESSE – N'ayez crainte ! Je sais de quelle manière faire comprendre les choses à mon fils.

<u>Scène 3 : la Comtesse, Fletcher, Tristan et Emily</u>

FLETCHER *(annonçant)* – Mademoiselle Emily et Lord Runwald.

LA COMTESSE – Et Maximilien ?

FLETCHER – Il s'habille Madame. J'informe aussi Madame que Lady Peterski vient d'arriver.

LA COMTESSE – Ah ! Quel ennui ! Je ne sais pas si j'arriverai à tout faire ce matin ! Vous pouvez disposer Fletcher, je m'occupe de Lady Peterski.

(Fletcher ouvre la porte du fond pour laisser entrer Emily et Tristan, puis il sort.)

LA COMTESSE - Bonjour Tristan.

TRISTAN – Bonjour Madame la Comtesse. *(Il lui baise la main.)*
EMILY – Bonjour maman. *(Elle fait une légère révérence.)*

LA COMTESSE – Mes enfants je suis à vous dans quelques minutes, le temps de mettre à la porte avec tact cette pauvre Lady Peterski. Emily, vous pouvez rejoindre Ellen à la bibliothèque.

EMILY – Merveilleux !

LA COMTESSE – Tristan, patientez. Votre ami Maximilien ne devrait plus tarder à sortir de sa chambre.

(Elle sort au fond. Emily part à droite, Tristan la rattrape et la retient par la main.)

TRISTAN – Attendez-moi !

EMILY – Vous avez entendu ma mère, je dois rejoindre Ellen.

TRISTAN – Est-ce que vous me fuyez ? *(Il tente de l'enlacer mais elle se dérobe.)*

EMILY – Ne dites pas de bêtises Tristan !

TRISTAN – Vous étiez moins distante, il y a deux semaines, chez le Comte de Paris. Vous m'avez accordé toutes les danses de la soirée. *(Il tente à nouveau, nouvel échec.)*

Tableau II, scène 3

EMILY – Alors de quoi vous plaignez-vous ? A tout à l'heure. (*Elle sort à droite.*)

TRISTAN (*le cœur serré*) – Ah ! Les femmes ! Cette femme ! (*Maximilien entre.*) Je crois qu'elle tient mon cœur, comme le chat tient la souris !

MAXIMILIEN – Et sais-tu comment finit la souris entre les pattes du chat ?

TRISTAN – Maximilien ! (*Ils se serrent chaleureusement la main.*)

MAXIMILIEN – Bonjour Tristan. Méfie-toi de ma sœur, cher ami ! C'est une garce !

TRISTAN – Oh !

MAXIMILIEN (*mi-figue mi-raisin*) – Ne proteste pas quand tu entends la vérité ! Et je te prie de te rappeler que je t'ai prévenu. (*Sur un ton plus badin*) Elle est exactement le portrait de sa mère.

TRISTAN (*un peu choqué*) – Tu exagères !

MAXIMILIEN – Non mon cher ! (*sur un ton désinvolte*) Lady Victoria Gatewood Comtesse de Chester etc. etc. ! Celle qui a fait de moi le 45ème prétendant au trône d'Angleterre après le Prince de Galles est, je le répète (*tout bas*) une garce. Et tu dois comprendre que, dans cette famille, on sacrifie tout, je dis bien « tout », à notre rang.

TRISTAN *(riant)* – Menteur !

MAXIMILIEN *(riant aussi)* –Tu as raison. Moi, je n'ai pas envie de sacrifier quoi que ce soit. Et surtout pas l'amour. Mais, je ne compte pas, tu sais bien, que je suis le membre dégénéré *(avec une grimace)* de la famille Gatewood !

TRISTAN – Au lieu de dire n'importe quoi, raconte-moi plutôt ta soirée chez lord Huxington.

MAXIMILIEN – Impossible, je n'y suis pas allé !

TRISTAN – Mais … Ellen ?

MAXIMILIEN – Que m'importe Miss Ellen Smith-Anjou ! Son titre, ses terres, son rang dans la famille royale ! C'est Mary que j'aime ! C'est Mary que j'épouserai. *(Sur le ton de la confidence.)* Je lui ai demandé de m'épouser hier soir.

TRISTAN – Cachottier ! Allez ! Raconte ! Qui est cette Mary secrète ? Est-ce que je la connais ? *(Maximilien fait signe que non.)* Mais raconte ! Ne me laisse pas languir !

MAXIMILIEN – Elle s'appelle Mary Stonel, elle a vingt ans, elle vit chez son père à Whitechapel. Il est négociant, veuf et remarié depuis peu.

Tableau II, scène 3

TRISTAN – Je me fiche de son père ! Parle-moi d'elle bon sang !

MAXIMILIEN – Comment t'en parler sans débiter des banalités ? Je ne sais pas. Je n'ai jamais su parler d'amour. Je l'aime, et tous les mots pour le dire me semblent plats. Ils sont usés à force d'avoir servi à tous les amants du monde pour parler de leurs maîtresses. Le mieux est que tu juges par toi-même. Nous nous voyons ce soir aux Roses d'Amanda, une taverne de Whitechapel. Rejoins-nous, viens faire sa connaissance.

TRISTAN – Tu traînes la nuit dans ce quartier ?

MAXIMILIEN – Ce quartier, c'est son quartier.

TRISTAN – Tu ne lis donc pas les journaux ?

MAXIMILIEN *(haussant les épaules)* – Qui n'est pas au courant ? ! Cela dit, ce n'est pas parce qu'un hystérique éventre des prostituées dans les rues de Whitechapel, que je vais m'interdire d'y aller ! Combien de crimes sordides ont ensanglanté l'un ou l'autre quartier de Londres ? Les Londoniens ont-ils abandonné leurs maisons ? A ce compte-là, mon cher, Londres serait désert !

TRISTAN – Tous les quartiers de Londres n'ont pas la mauvaise réputation de Whitechapel.

MAXIMILIEN – Réputation exagérée !

TRISTAN – Exagérée ! ? Sais-tu comment les journalistes surnomment ce quartier ?

MAXIMILIEN – Non.

TRISTAN – La cité des putains ! Tu connais plus sordide ?

MAXIMILIEN – Que m'importent les journalistes ! J'aime ce quartier. Je préfère en tous cas sa puanteur, sa misère et sa violence à l'atmosphère ouatée de nos clubs, qui masquent, reconnais-le, des haines cuites et recuites aussi terribles que celles de l'éventreur. Chaque faux pas est guetté, et les plus maladroits d'entre nous laissent leur chemise, leur réputation et parfois leur vie entre les pattes de vautours en smoking, haut de forme et gants blancs.

TRISTAN – Diable ! Pourquoi préférer la violence des bas quartiers à celle des quartiers de noblesse ? Chacun devrait s'en tenir à une vie d'honnête homme, là où Dieu l'a fait naître, tu ne crois pas ?

<u>Scène 4 : les mêmes, la Comtesse, Fletcher.</u>

(La Comtesse entre.)

LA COMTESSE *(soupirant)* – Ah ! Cette lady Peterski, quelle bavarde infatigable ! *(Remarquant Maximilien)* Vous voilà enfin ! *(Se tournant vers Tristan.)* Je vous sais gré de nous laisser quelques instants, Tristan. J'ai besoin de

Tableau II, scène 4

m'entretenir avec mon fils. Attendez-le dans la bibliothèque, je vous prie. *(Tristan s'incline et va vers la porte.)*

LA COMTESSE *(sèchement)* – Vous ... *(Il baise la main de sa mère)* Allez m'attendre dans le fumoir.

(Avant de sortir chacun de leur côté, ils se retournent l'un vers l'autre. Tristan jette un regard interrogateur et Maximilien lui répond par un geste signifiant que ça va chauffer pour lui. La comtesse sonne et va s'asseoir à un bureau. Fletcher arrive.)

LA COMTESSE – Fletcher, avez-vous suivi Maximilien hier soir ?

FLETCHER – Oui Madame la Comtesse.

LA COMTESSE – Je vous écoute.

FLETCHER – Monsieur Maximilien a rejoint une jeune personne qu'il fréquente depuis un mois.

LA COMTESSE – Qui est cette femme ? Que savez-vous d'elle et de sa famille ?

FLETCHER – Elle s'appelle Mary, fille de Charles Stonel, un négociant en tissu. Les Stonel étaient riches il y a cinquante ans. Aujourd'hui, avec la crise, malgré une réputation intacte, leur commerce a perdu beaucoup d'argent.

LA COMTESSE – Des miséreux en d'autres termes !

FLETCHER – Que Madame la Comtesse me pardonne de la contredire ! Charles Stonel n'a pas la fortune d'un lord, mais on ne peut pas dire qu'il est dans la misère. Cela relève de l'exploit à Whitechapel. Il emploie tout de même trois personnes pour ses affaires et une cuisinière chez lui.

LA COMTESSE – Allons Fletcher, je ne vois là rien de comparable à notre maison. Mais continuez. Où se donnent-ils rendez-vous ?

FLETCHER – Toujours dans le quartier de Whitechapel, souvent à la taverne Les Roses d'Amanda.

LA COMTESSE – Quel genre d'établissement est-ce ?

FLETCHER – Misérable Madame. On y croise des ouvriers, des truands et des prostituées. Taverne est un bien grand mot, les clients ne viennent pas manger, mais pour boire et pour …

LA COMTESSE – Merci Fletcher.

FLETCHER *(s'éclaircissant la voix)* – Pardonnez-moi de vous importuner, Madame la Comtesse …

LA COMTESSE – Soyez bref, Fletcher.

FLETCHER – J'ai, en ce moment, un petit souci financier, et j'ai pensé qu'en considération des menus services que je vous rends…

Tableau II, scène 5

LA COMTESSE – Je vous paie des gages Fletcher

FLETCHER – Oui Madame la Comtesse, je ne me plains pas du traitement que je reçois pour le service de la maison… mais je voulais parler des discrets services d'enquête …

LA COMTESSE – C'est la même chose Fletcher.

FLETCHER – Mais l'affaire…

LA COMTESSE – L'affaire est entendue.

(Elle se lève et va vers le fumoir, il lui jette un regard furieux dans le dos. Elle se retourne pour voir ce qu'il fait et il lui adresse un sourire mielleux avant de sortir.)

Scène 5 : Maximilien et la Comtesse.

(Elle ouvre la porte du fumoir. Maximilien entre.)

LA COMTESSE – Asseyez-vous ! *(Il s'assoit.)* Je vous avais demandé de représenter notre famille à la réception donnée hier soir par lord et lady Huxington.

MAXIMILIEN – Je m'en souviens.

LA COMTESSE – Cependant, vous n'y êtes pas allé !

MAXIMILIEN – Je m'en souviens aussi.

LA COMTESSE – Ne soyez pas insolent ! Vous avez manqué à votre devoir. Vous m'avez désobéi. Et vous avez humilié votre fiancée, Ellen, qu'en revanche, vous semblez avoir quelque peu oubliée. Par bonheur, elle ne se doute pas qu'au même moment, vous étiez dans un bordel de Whitechapel !

MAXIMILIEN – Un cabaret !

LA COMTESSE – Ne jouez pas sur les mots ! Les Roses d'Amanda est un bordel, puisqu'on y trouve des prostituées ... et cette Mary Stonel !

MAXIMILIEN *(surpris)* – Vous savez donc tout !?

LA COMTESSE – Non, je ne sais pas tout ! J'ignore, par exemple, ce que vous comptez faire de cette fille !

MAXIMILIEN – L'épouser !

LA COMTESSE – Ce n'est pas le moment de plaisanter !

MAXIMILIEN – Je ne plaisante pas, mère !

LA COMTESSE – Vous épouserez Ellen et le plus tôt sera le mieux !

MAXIMILIEN – N'y pensez pas.

LA COMTESSE *(fermement)* – Ecoutez-moi bien Maximilien, je vais être très claire. Je vous demande de faire un

Tableau II, scène 5

choix, maintenant. Soit vous me jurez de ne plus voir cette fille, soit vous quittez cette maison à l'instant !

MAXIMILIEN *(se levant, outré)* – Dois-je comprendre que vous oseriez me chasser ?

LA COMTESSE – En épousant cette fille, Maximilien, comprenez que vous renoncez à tout : à votre famille, à votre titre, à cette maison, à tous les biens qui doivent vous revenir un jour. Je vous préviens Maximilien, si vous épousez cette fille, vous épousez aussi sa condition. Libre à vous de préférer les bordels aux châteaux, le tissu à la soie, mais sachez que vous n'aurez pas les deux !

MAXIMILIEN *(en colère)* – Mais enfin, mère, de quoi vivrai-je si vous me privez de ma fortune ?

LA COMTESSE *(impitoyable)* – La fortune de la famille Gatewood, Maximilien ! Enfoncez-vous cela dans le crâne ! Vous jouirez de la fortune familiale tant que vous resterez un Gatewood. C'est à dire en épousant Ellen Smith-Anjou, conformément à l'engagement que nous avons pris. Et si cela ne vous convient pas, vous n'aurez qu'à vivre de la fortune de la famille Stonel.

MAXIMILIEN *(atterré)* – Mais ils n'ont rien ou si peu !

LA COMTESSE – Faites-vous embaucher dans leur commerce de tissu !

MAXIMILIEN *(tourmenté)* – Ah ! Que vous ai-je fait ? Suis-je le dernier de vos domestiques ?

LA COMTESSE *(autoritaire)* – Décidez-vous immédiatement !

MAXIMILIEN *(faisant les cent pas, nerveusement)* – Je ... j'ai besoin d'y réfléchir !

LA COMTESSE *(montrant du doigt la porte)* – Ellen est là, elle réclame des excuses et des explications.

MAXIMILIEN – Je ne l'aime pas ! *(La comtesse va à la porte du fond et l'ouvre pour indiquer la sortie. Il la rejoint pour la supplier.)* Mais enfin, vous n'êtes pas à deux ou trois jours près !

LA COMTESSE – J'ai dit : immédiatement !

MAXIMILIEN *(se tordant les mains, d'une voix suppliante)* – Attendez ! Attendez !

LA COMTESSE – Votre réponse Maximilien !

MAXIMILIEN – Attendez ! Je vous en supplie ! *(tombant à genoux)* Laissez-moi réfléchir ! *(silence, puis voix brisée)* Laissez-moi !

LA COMTESSE *(le plaignant d'une voix méprisante)* – Mon pauvre Maximilien ! Mais c'est tout réfléchi ! Vous n'aimez pas cette Mary Stonel ...

Tableau II, scène 5

MAXIMILIEN – Je vous assure du contraire !

LA COMTESSE – Allons, vous ne l'aimez pas ! Si vous aviez pour cette fille, ne serait-ce que l'ombre d'un sentiment, vous auriez déjà franchi cette porte pour la retrouver. Mais non ! Vous préférez vous agenouiller là, indécis, vous tortillant comme un ver. Vous êtes incapable de vivre sans notre famille, notre fortune, sans notre nom enfin… Comment pourrait-il en être autrement ? Vous êtes l'héritier du Comté de Chester. Vous réalisez que vous ne pouvez pas être marchand de tissu et vous ne savez plus comment faire pour vous débarrasser d'une maîtresse devenue encombrante. Vous êtes pitoyable !

MAXIMILIEN – Mère !

LA COMTESSE *(brutale)* – Taisez-vous ! Vous avez offensé Ellen, et vous vous êtes moqué de cette pauvre Mary Stonel, en lui faisant croire que vous l'aimiez, alors qu'elle vous amusait. C'est tellement pittoresque, pour un lord, de s'encanailler avec une petite bourgeoise, dans un quartier mal famé de Londres. Vous n'êtes qu'un égoïste Maximilien !

MAXIMILIEN – Non !

LA COMTESSE – Un lâche !

MAXIMILIEN – Non, non, j'aime Mary !

LA COMTESSE *(durement)* – Taisez-vous, hypocrite ! Baissez les yeux et demandez pardon ! ... Demandez pardon ou partez à jamais !

MAXIMILIEN *(pleurant)* – Je vous demande pardon !

LA COMTESSE *(inflexible)* – Plus fort !

MAXIMILIEN – Je vous demande pardon !

LA COMTESSE *(violente)* – Avouez que vous n'aimez pas cette fille ... Avouez ... !

MAXIMILIEN – Je ...je ne l'aime pas.

LA COMTESSE – Plus fort !

MAXIMILIEN – Je ne l'aime pas.

LA COMTESSE – Relevez-vous ! *(La Comtesse prend Maximilien dans ses bras.)* Mon petit Maximilien ! Vous êtes si faible ! Soyez heureux, votre mère vous pardonne. *(Il reste hébété face au public.)*

Scène 6 : La comtesse, Maximilien, Ellen, Tristan, Emily.

(La Comtesse ouvre la porte de la bibliothèque. Tout le monde revient au salon.)

LA COMTESSE – Vous pouvez revenir, notre petite conversation est terminée.

Tableau II, scène 6

TRISTAN *(s'approchant)* – Maximilien ? Oh ! Oh ! ... Maximilien ! Tu te sens bien ?

ELLEN – Maximilien ! N'avez-vous rien à me dire ?

MAXIMILIEN *(d'une voix blanche)* – Je vous demande pardon mère.

ELLEN *(riant)* – Mère ? Maximilien à quoi pensez-vous ? *(à la Comtesse)* Je crois qu'il n'est pas bien réveillé !

LA COMTESSE – Emmenez-le dans le jardin. Un peu d'air lui fera du bien, et vous avez sûrement beaucoup à vous dire tous les deux. *(Ellen prend le bras de Maximilien et ils sortent.)* Emily, vous voudrez bien tenir compagnie à Tristan, j'ai quelques affaires à régler. *(Elle sort.)*

EMILY – Comment vais-je m'occuper de vous, Lord Runwald ?

TRISTAN – Rien de plus facile ! *(La prenant dans ses bras.)* Embrassons-nous !

EMILY *(le repoussant)* – Hé là !

TRISTAN – Emily ! Pourquoi m'appelez-vous Lord Runwald ? Il me semble que vous m'appeliez Tristan-chéri, il y a encore deux jours.

EMILY – C'était il y a deux jours !

TRISTAN – Et que s'est-il passé depuis deux jours ?

EMILY – Rien de particulier.

TRISTAN – Emily, mon amour, pourquoi me fuyez-vous ?

EMILY – Je ne suis plus sûre de mes sentiments. Je crois que nous devrions cesser …

TRISTAN – Que dites-vous ? C'est impossible voyons ! Rappelez-vous ! (*évoquant le passé avec émotion*) Ces œillades que vous me lanciez sans arrêt en public ! C'était si peu discret que je crois que j'en rougissais. Et vos mains qui frôlaient les miennes comme par inadvertance ! Je sursautais à chaque fois. Et quand nous dansions, qui étreignait l'autre contre sa poitrine ? Je crois même que votre mère fronça les sourcils une ou deux fois. Et vos soupirs à l'instant où je devais vous quitter ? Vos yeux embués de larmes ! J'en frissonne encore.

EMILY (*agacée*) – Et bien, je me suis beaucoup trompée, voilà tout !

TRISTAN – Et vous découvrez cela aujourd'hui ?

EMILY – Oui.

Tableau II, scène 7

TRISTAN – Je ne vous crois pas. On ne passe pas aussi brusquement de la passion la plus brûlante à l'indifférence la plus complète.

EMILY – Il faut bien croire que si, Tristan... Et je vous prie d'arrêter de me rendre visite aussi souvent que vous le faites. Ne m'écrivez plus et surtout ne me parlez plus d'amour.

TRISTAN – Emily ! Je ne comprends pas ce qui nous arrive ! Donnez-moi une explication, pour l'amour de Dieu !

EMILY – Je ne fais que cela Tristan, mais vous ne m'écoutez pas. Je ne vous aime plus et il n'y a pas d'autres explications. Adieu. *(Elle sort.)*

Scène 7 : Maximilien et Tristan.

MAXIMILIEN *(depuis les coulisses)* – Tristan ! Tristan ! *(Il entre.)* Ah ! Tu es encore là ! Je craignais que tu ne sois déjà parti. Il faut absolument que je te vois ce soir à 19 heures aux Roses d'Amanda. J'ai besoin que tu viennes. Tu viendras n'est-ce pas ?

ELLEN *(depuis les coulisses)* – Maximilien ! Maximilien !

MAXIMILIEN – Ah ! Il faut que je m'en débarrasse ! *(à Tristan)* Alors ? Je peux compter sur toi ?

TRISTAN – Tu peux.

MAXIMILIEN – Merci.

ELLEN – Maximilien !

MAXIMILIEN *(retournant précipitamment d'où il vient)* – N'oublie pas ! 19 heures ! Les roses d'Amanda !

Tableau III

TRAHISONS

La taverne *Les Roses d'Amanda* : porte d'entrée au fond, escalier vers les chambres, comptoir, tables et chaises pour les clients.

Scène 1 : Amanda, Jane, Wendy, Brian, Alan, Joe, Eddy, Maximilien, et des figurants (clients, prostituées) selon l'espace disponible sur scène.

(Les clients sont attablés, ils jouent aux cartes. Les prostituées sont au bar, derrière lequel se tient Amanda. Maximilien entre vêtu d'un costume du peuple. Il cherche quelqu'un du regard.)

JANE – Tu nous offres un verre Milord ?

MAXIMILIEN – Amanda, sers un verre à Jane.

WENDY – Et pour ma pomme, Milord ?

MAXIMILIEN – Un autre pour Wendy.

AMANDA – T'as pas l'air dans ton assiette ce soir !

MAXIMILIEN – C'est gentil de t'inquiéter, mais je vais très bien. Mary est venue aujourd'hui ?

AMANDA – Elle vient jamais. Sauf quand vous avez rencard. A ce sujet faut que j'te dise que mon clac, n'est pas un endroit pour une chic fille comme Mlle Stonel.

JANE – C'est pour Wendy et moi que tu dis ça ?

AMANDA – Vous vexez pas les filles ! Si vous aviez un travail, vous seriez pas là ce soir, à attendre le client. Pas vrai ? Mais pour Mary Stonel, c'est différent. Quand on est une bourgeoise, on n'a pas besoin de v'nir mettre son nez dans la crasse.

MAXIMILIEN *(discrètement pour ne pas être entendu des clients)* – Et quand on est un aristo comme moi ?

WENDY – C'est pas la même chose pour les messieurs. Si y'avait que des clients plein aux as comme toi, le tapin s'rait presque une sinécure. Pas vrai Jane.

JANE – Ouais, le populo ça paye mal, ça sent mauvais et ça n'a pas d'éducation.

MAXIMILIEN – Moins fort !

BRIAN *(s'approchant de Jane et la saisissant par le bras)* – Viens là toi !

Tableau III, scène 2

JANE – Aïe ! Qu'est-ce que je disais !

AMANDA – Doucement avec les filles, mon bonhomme !

BRIAN – De quoi j'me mêle, la mère maquerelle ?

(*Amanda attrape Brian par le col.*)

AMANDA – Chez moi, les clients brutalisent pas les filles, compris ?

BRIAN – Oui Madame. Excusez-moi Madame Amanda.

JANE – Laisse tomber Amanda. Tu fais peur à la clientèle et ça n'arrange pas nos affaires. *(A Brian)* On y va gentiment mon lapin. (*Ils sortent sur la gauche.*)

WENDY *(à Maximilien)* – Amanda est une mère pour nous.

AMANDA – J'ai pas l'âge d'être ta mère.

MAXIMILIEN – Une grande sœur.

<u>Scène 2 : Amanda, Wendy, les clients, Maximilien, Tristan, Rupert et Stanhope.</u>

(*Tristan entre vêtu en lord, suivi un peu plus tard de Stanhope qui observe les clients de temps en temps. Puis Rupert arrive, caché derrière un journal, pas rassuré. Wendy lui fait un petit signe pour qu'il approche, mais il parait effrayé. Il va s'asseoir à la table voisine de Stanhope.)*

MAXIMILIEN – Enfin te voilà ! Amanda ! Deux verres de whisky à ma table ! *(Ils vont s'asseoir.)*

TRISTAN – Tu es fou de venir te perdre dans un endroit pareil ! C'est un coupe gorge !

(Rupert épie tous les clients. Ses yeux dépassent du journal. Il se cache derrière le journal dès que son regard est repéré.)

STANHOPE – S'il vous plaît ! *(Amanda s'approche.)* Apportez-moi une bière. *(Il la retient de la main. En aparté.)* Police ! Faites semblant de rien ! Signalez-moi vos clients inhabituels ! *(Elle essaie de se dégager sans y arriver.)* Répondez ou je ferai fermer votre établissement !

AMANDA – J'en vois pas.

RUPERT – Psst …Monsieur l'inspecteur ! … *(Pas de réponse)* … Vous me reconnaissez ?… On s'est croisé hier matin … Dites-moi, je m'disais, est-ce que vous connaissez Sherlock Holmes ? …

STANHOPE – Taisez-vous, crétin !

MAXIMILIEN – J'aurais dû te dire de ne pas venir costumé. Tu portes une arme au moins ?

Tableau III, scène 2

TRISTAN – Oui, je ne suis pas encore complètement fou !

MAXIMILIEN – Tant mieux ! Tant mieux !

AMANDA *(minaudant, apportant les verres.)* – Tu m'présentes à ton ami, Maximilien ?

MAXIMILIEN – Tristan Runwald, jeune homme bien élevé de Londres. Amanda Payton, propriétaire du lieu.

ALAN – Tenancière de bordel ! *(Les clients rient. Amanda hausse les épaules.)*

TRISTAN – Enchanté de vous rencontrer madame.

AMANDA – Ne vous forcez pas, allez ! Vous voudriez vous trouver à mille lieues d'ici.

TRISTAN *(embarrassé)* – Ma foi, c'est vrai …

ALAN – Amanda ! Mes amis ont soif ! Apporte-nous des bières ! *(Amanda part servir les clients.)*

TRISTAN – Pourquoi m'as-tu fait venir ici ?

MAXIMILIEN – Pour te demander de me rendre un grand service.

TRISTAN – Grand comment ?

MAXIMILIEN – Comme un service pénible. Mary doit venir tout à l'heure et je ne serai pas là. Je voudrais que tu lui parles à ma place.

TRISTAN – Continue.

MAXIMILIEN – Je voudrais que tu lui dises que nous ne nous verrons plus et qu'elle doit m'oublier comme j'essaierai de l'oublier.

TRISTAN – Je ne comprends pas ? Tu parlais de l'épouser ce matin !

MAXIMILIEN – Malheureusement, ma mère s'oppose catégoriquement à ce mariage.

TRISTAN – C'est de ta vie qu'il s'agit ! Ne la laisse pas décider à ta place.

MAXIMILIEN – Si je revois Mary je serai banni de ma famille !

TRISTAN – Ta mère est un tyran ! Mais si tu avais hérité un tant soit peu de son cran, tu épouserais Mary, et elle te respecterait peut-être d'oser lui tenir tête, tandis qu'en te traînant à ses pieds, elle ne voit qu'une larve …

MAXIMILIEN *(irrité)* – Juge-moi ! C'est facile pour toi, ta famille n'a pas notre position.

Tableau III, scène 2

TRISTAN – Je ne vis pas de la fortune de ma famille. Et tu pourrais en faire autant. Je croyais que tu aimais ce quartier, c'est bien ce que tu as dit ce matin, non ?

MAXIMILIEN – Pour faire quoi ? Marchand de tissu à Whitechapel ? Officier dans un trou perdu de l'Empire ? Voyons, c'est ridicule !

TRISTAN – Je ne trouve pas. Toutes les grandes familles comptent des soldats.

MAXIMILIEN – Oui, des colonels ou des généraux … Mais sans mon titre de futur Comte de Chester, je peux tout juste espérer obtenir le grade de capitaine en fin de carrière ! Tu me vois vivre avec la solde d'un capitaine ?

TRISTAN – Tu vas donc épouser Ellen ?

MAXIMILIEN – Il le faut.

TRISTAN – Bien que tu ne l'aimes pas !

MAXIMILIEN – Hélas oui!

TRISTAN – Tu me déçois … Vous me décevez …

MAXIMILIEN – Vous ? Qui d'autre ?

TRISTAN – Ta sœur et toi ! Le matin, vous prétendez aimer, et le soir, vous affirmez le contraire.

MAXIMILIEN – Je t'ai prévenu pour Emily !

TRISTAN – Tu ne m'avais pas prévenu pour toi ! Je suis écœuré !

MAXIMILIEN – Tu refuses de m'aider ?

TRISTAN (*après quelques secondes de réflexion*) – Non.

MAXIMILIEN – Merci.

TRISTAN – Je le ferai pour elle, pas pour toi ! Et maintenant, disparais.

MAXIMILIEN – Tu … tu lui donneras ça. (*Il pose un petit paquet sur la table.*) Je … je suis désolé pour toi et Emily ! (*à Amanda*) Quand Mary viendra, tu la présenteras à Sir Runwald. (*Il paie et sort.*)

Scène 3 : les mêmes moins Maximilien

RUPERT (*à Stanhope*) – J'ai toujours voulu être policier ! Je voudrais vous aider pour me faire pardonner.

STANHOPE – Fichez-moi la paix ! Vous allez me faire repérer !

RUPERT (*de manière peu discrète*) – Ne vous inquiétez pas, je serai discret ! (*Stanhope, agacé ne répond pas.*) Vous êtes là à cause de Jack l'éventreur, pas vrai inspecteur ?... Moi aussi … Ce mystère me passionne, à un

Tableau III, scène 3

point… vous ne pouvez pas imaginer ! … Au début, je suivais l'affaire en lisant les journaux, mais ça ne me suffit plus … Maintenant que je vous ai rencontré, je veux voir de mes propres yeux … *(sur un ton évocateur)* Whitechapel … une nuit d'automne, par temps de brouillard … Là où Jack l'éventreur surgit et frappe !…

STANHOPE – Taisez-vous ! Mais taisez-vous ! Pour l'amour de Dieu !

RUPERT – Votre femme est au courant ?

STANHOPE *(de rage étouffée)* – Aaah ! … *(à Amanda)* Une bière !

RUPERT – Moi, la mienne, elle ne sait pas que je suis ici. J'ai attendu qu'elle s'endorme et … Hop ! J'ai filé ! … Parce que si elle savait …Hou la la ! *(Amanda pose la bière sur la table de Stanhope qui la place sur la table de Rupert.)* Oh merci ! Il ne fallait pas !

STANHOPE – Au moins pendant que vous boirez je ne vous entendrai pas !

(Tristan boit son verre et se fait servir une bière. Pendant ce temps Brian et Jane reviennent, des clients à la mine patibulaire, Joe et Eddy, lorgnent Tristan et discutent à voix basse. Les filles font des avances à Rupert qui, ne pouvant leur échapper, paie et se sauve. Elles éclatent de rire. Fletcher entre, habillé en ouvrier et s'installe au comptoir.)

AMANDA – Bonsoir.

FLETCHER – Bonsoir. Une bière. *(Elle sert.)*

STANHOPE – Amanda ! *(Elle approche et il paie.)* Ouvre l'œil ma grande !

AMANDA – Je ne suis pas une moucharde !

STANHOPE – Fais pas l'idiote ! Je suis ici pour vous aider, toi et celles qui risquent de se faire étriper par un dingue. Tu vois de qui je parle ?

AMANDA *(effrayée)* – Oui ! Oui !

STANHOPE – Enregistre dans ta petite tête de mère maquerelle tout ce qui sort de l'ordinaire, ça pourrait servir ! *(Il sort. Deux clients s'approchent de Tristan.)*

JOE – Dis donc l'aristo, tu te s'rais pas gouré d'club ? On joue pas au bridge ici !

TRISTAN – Laissez-moi tranquille !

EDDY – Ici tu vois, c'est not'club, et la règle veut que les nouveaux adhérents paient une tournée.

TRISTAN – Amanda ! Veuillez servir une bière à ces messieurs.

EDDY – Ah! Ça c'est gentil !

Tableau III, scène 4

JOE – Il faudrait aussi que monsieur l'aristo cotise au club …

EDDY – C'est vrai ça, il faut que vous cotisiez …

TRISTAN – Vous n'aurez rien de plus qu'une bière, et maintenant retournez à votre table.

JOE – Et si on veut boire notre bière à cette table-là ?

TRISTAN – J'irai boire la mienne ailleurs.

(Il se lève mais les deux autres le retiennent. Il pousse Joe, l'autre le saisit au col. Tristan sort un revolver, son assaillant le lâche. Joe veut revenir à la charge, mais Fletcher lui allonge un coup de poing qui le fait passer par la porte.)

AMANDA – Eddy, fiche-moi le camp ! *(Il sort précipitamment.)*

<u>Scène 4 : Tristan, Fletcher, Amanda, Jane, Wendy, Alan, Brian, Edward.</u>

TRISTAN *(à Fletcher)* – Merci. Il me semble vous connaître.

FLETCHER – Je m'appelle Georges Fletcher, je suis au service de la Comtesse de Chester.

TRISTAN – C'est donc chez les Gatewood que je vous ai vu.

FLETCHER – Oui monsieur.

TRISTAN – Vous êtes tombé à pic Fletcher, ces butors s'apprêtaient à me casser la tête je crois.

FLETCHER – Ma présence ici n'est pas due au hasard sir Runwald, je vous suivais.

TRISTAN – Ah ? Asseyons-nous, vous allez m'expliquer cela. Amanda ! Une bière de plus ! *(Ils vont s'asseoir.)*

FLETCHER – Il semble, sir Runwald, que nous ayons tous deux des raisons de nous plaindre des Gatewood.

(Edward, habillé en ouvrier, entre. Wendy l'aborde, il lui paie une bière et bavarde avec elle.)

TRISTAN *(méfiant)* – Je ne sais pas vos raisons, quant aux miennes, elles ne vous regardent pas !

FLETCHER – Elles ne me regardent pas, en effet sir Runwald, et pourtant je les sais mieux que vous. Miss Emily vous a éconduit pour des raisons que vous ignorez et que je puis vous révéler.

TRISTAN – Je ne sais d'où vous tenez cela, mais je suis tout ouïe…

Tableau III, scène 4

FLETCHER – Miss Emily vous a séduit par jeu et vous a repoussé à la fin de la partie.

TRISTAN – C'est ridicule ! De quelle sorte de jeu parlez-vous ?

FLETCHER – Un pari, entre Emily Gatewood et Ellen Smith-Anjou, qui consistait à faire de vous un soupirant docile dans un délai d'un mois. Miss Emily ayant gagné le pari, elle n'avait plus de raisons de poursuivre la comédie.

TRISTAN – J'ignore pour quelles raisons honteuses vous calomniez ces dames, mais je refuse d'écouter vos mensonges une minute de plus !

FLETCHER – Je m'y attendais. Laissez-moi vous expliquer mes raisons. Vous pourrez alors juger qui doit se montrer le plus honteux dans cette affaire. Je ne suis pas seulement le majordome de la maison. La comtesse me charge parfois de missions plus délicates, comme lui rendre compte des faits et gestes de son fils.

TRISTAN – Un mouchard quoi !

FLETCHER – Si vous vous voulez, mais un mouchard qu'on a refusé de payer.

TRISTAN – Et vous vous vengez en racontant n'importe quoi !

FLETCHER – Mon enquête m'a mené ici. C'est un lieu prisé par les jeunes aristocrates en mal de sensations fortes. Monsieur Gatewood rejoint ici sa bonne amie Mary Stonel.

TRISTAN – Vous ne m'apprenez rien.

FLETCHER – J'y ai vu d'autres blancs-becs de son espèce, venus se mêler au populo pour voir à quoi ressemblait la misère. Ça vous plaît la misère de Whitechapel sir Runwald ? *(Tristan ne répond pas.)* Peu importe ! J'ai vu ici, Edward Smith-Anjou, vous le connaissez ?

TRISTAN – C'est un cousin de Miss Ellen, mais je ne l'ai jamais rencontré.

FLETCHER – Cela tombe bien, vous allez faire connaissance. Je vous appellerai sir Philip Gredarf, car il connaît probablement votre véritable nom. En l'interrogeant adroitement nous devrions lui faire cracher le morceau. *(Il se lève et s'approche de la table d'Edward.)*

Scène 5 : les mêmes.

FLETCHER – Monsieur le Comte …

EDWARD *(un peu saoul)* – Tais-toi imbécile ! Tu veux me faire repérer par la racaille ? Ne me donne pas du « Monsieur le Comte » ! Qu'est-ce que tu veux !

Tableau III, scène 5

FLETCHER – Excusez-moi. Je désire vous présenter quelqu'un qui ne connaît pas bien le quartier de Whitechapel et qui demande à en savoir plus. Quelqu'un … comme vous.

EDWARD – Comme moi ?

FLETCHER – Oui comme vous. Quelqu'un qui connaît mieux Buckingham que Whitechapel…

EDWARD *(apercevant Tristan)* – Ah je vois ! Seigneur ! Ce jeune homme est fou de venir ici dans cette tenue ! *(à Wendy)* Je reviens tout de suite. *(Ils rejoignent la table de Tristan et s'assoient.)* Salut ! Fletcher me dit que vous souhaitez me connaître ?

TRISTAN – J'en serais honoré.

FLETCHER – Amanda ! Trois bières !

EDWARD – Ne faisons pas de manières. Nos politesses sentent l'aristocratie à des kilomètres à la ronde. Je ne tiens pas à me faire égorger … (*Il tend la main.*)

TRISTAN *(serrant la main)* – Philip Gredarf.

EDWARD – Edward Smith-Anjou. *(Amanda pose les bières, ils boivent.)* Vous avez envie de vous amuser Philip ?

TRISTAN – Je suis là pour prendre du bon temps, sur le conseil de Maximilien Gatewood, mais je manque d'expérience, et résultat, j'ai failli me faire boxer par deux individus. Fletcher m'a tiré d'embarras, et vous recommande comme guide dans ce monde un peu étrange des bas quartiers.

EDWARD – Vous connaissez Gatewood ?

TRISTAN – Fort peu, nous nous sommes parlés une fois ou deux. Je lui ai confié un jour que je m'ennuyais à mourir dans les clubs. Il m'a répondu qu'il était de mon avis et qu'il connaissait un club un peu à part à Whitechapel : Les roses d'Amanda.

(Edward et Fletcher éclatent de rire.)

EDWARD – Gatewood est amusant quand il ne rend pas ma cousine folle de rage !

TRISTAN – Il paraît qu'il fait aussi enrager sa famille : sa mère, sa sœur qui est fort belle, à ce qu'on m'a dit.

EDWARD – Belle, riche et titrée ! L'un des meilleurs partis d'Angleterre.

FLETCHER *(rigolard)* – Miss Emily est aussi drôle que son frère, racontez-lui son nouveau jeu !

EDWARD – Cette canaille de Fletcher est toujours au courant de tout ! En effet, Emily Gatewood, s'amuse à chavirer la tête d'un garçon dont j'ignore tout, sauf que

Tableau III, scène 5

d'après ma cousine, le pauvre bougre est dans un tel état qu'il se jetterait dans un puits si Emily l'ordonnait.

TRISTAN *(tremblant de colère contenue)* – Ah oui ?

EDWARD – On rit toujours aux dépends de quelqu'un, n'est-ce pas ! Selon Ellen : un homme qui tombe dans les filets de l'amour se ridiculise et offre un spectacle réjouissant. L'enjeu financier est dérisoire, l'important c'est de relever un défi amusant. Mais la difficulté est considérable, car elles doivent parvenir à leurs fins dans un délai imparti très court.

FLETCHER – Intéressant n'est-ce pas ?

TRISTAN – Très !

EDWARD – Bien sûr, la belle, de son côté, ne doit rien céder au prétendant. Ce serait trop facile. Par contre elle doit en tirer le maximum. Pour gagner, il faut produire une preuve, une lettre enflammée qui ne laisse aucun doute sur l'égarement du malheureux. Il faut bien un trophée à ces matadors féminins. Remarquez que le pauvre amoureux s'en sort mieux que le taureau dans l'arène. *(Il éclate de rire.)*

FLETCHER – Quelles petites garces !

EDWARD – Oh ! Oh ! Vous parlez de ma cousine ! Ne l'oubliez pas ! Et de ma future épouse !

TRISTAN – Qui ?

EDWARD – Emily Gatewood, évidemment. Notre mariage est arrangé depuis fort longtemps entre nos familles. Ce sera chose faite d'ici deux ou trois ans. Rien ne nous presse de faire plus ample connaissance. Nous aurons bien le temps après le mariage... *(silence)* Pour en revenir à ce qui vous préoccupe, je vous conseille de changer de costume quand vous venez à Whitechapel. Ici, on vient pour la bière et les filles, alors habillez-vous couleur locale. *(Voyant la mine sombre de Tristan)* Quelque chose ne va pas mon vieux ?

TRISTAN – Ne vous inquiétez pas.

(Wendy toussote pour faire revenir Edward à sa table.)

EDWARD – Je vous laisse, vous n'avez pas vraiment besoin de moi. Vous connaissez Fletcher, c'est le meilleur des guides.

FLETCHER – Je crois que Wendy s'impatiente.

EDWARD *(clin d'œil)* – Bonne soirée messieurs.

(Il se lève, rejoint Wendy, ils sortent tous les deux, avec une bouteille.)

Scène 6 : Les clients, Amanda, Jane, Fletcher, Tristan, Mary.

FLETCHER – Vous me croyez maintenant ?

Tableau III, scène 6

TRISTAN *(refoulant ses larmes)* – Cette fille est un monstre d'égoïsme.

FLETCHER – C'est une Gatewood ! Vengez-vous puis oubliez-la très vite ... Allez, reprenez-vous Runwald ! Amanda, apporte-moi un remontant !

AMANDA – J'arrive.

(Mary Stonel entre et va au comptoir.)

MARY – Bonsoir Amanda.

AMANDA – Bonsoir Mlle Stonel.

MARY *(cherchant du regard)* – Maximilien est arrivé ?

AMANDA – Il est reparti en me chargeant de vous présenter à quelqu'un. Suivez-moi. *(Elles vont à la table de Tristan.)* Voilà votre remontant. *(Elle la présente d'un geste.)* La personne que vous attendiez, Lord Runwald.

FLETCHER – Je m'appelle Georges Fletcher. Asseyez-vous Miss Stonel. Vous prendrez quelque chose ?

MARY – Non merci. Nous sommes-nous déjà rencontrés, monsieur Fletcher ? Vous connaissez Maximilien ?... *(Tristan montre son visage.)* Je vous dérange... *(Elle commence à se lever.)*

TRISTAN – Non. Il faut que je vous parle. Asseyez-vous aussi, Amanda. Je redoutais de vous rencontrer Mademoiselle, mais tout compte fait j'en suis heureux.

MARY – Vraiment ? A voir votre expression, Monsieur, je ne le croirais pas. Etes-vous souffrant ?

TRISTAN – Comme vous allez souffrir quand je vous aurai parlé.

MARY – Moi ? Vous vous trompez ! J'ai rendez-vous ici avec l'homme que je dois épouser. Vous voyez, on ne peut pas être plus heureuse que moi. Amanda, pourquoi Maximilien ne m'a-t-il pas attendu ?

TRISTAN – Oubliez-le !

MARY – Vous êtes fou Monsieur ! Vous vous mêlez de choses qui ne vous regardent pas ! Qui êtes-vous pour me parler de lui ?

TRISTAN – J'étais l'ami de Maximilien. Je lui rends un dernier service, celui de vous livrer un message de sa part. Il ne pourra plus vous voir, encore moins vous épouser. Sa famille s'y oppose.

MARY – Mensonge ! Mensonge !

TRISTAN – Je vais être brutal Mary. Il ne vous aime pas et il va en épouser une autre. Voilà ce qu'il m'a chargé de vous dire.

Tableau III, scène 6

MARY – Ce que vous dites n'a pas de sens !

TRISTAN – Sa mère a ordonné qu'il rompe avec vous, voilà la vérité. Et comme il est trop lâche pour le faire lui-même, il m'a chargé de cette vilaine besogne. Je suis désolé, Mary.

MARY – Je ne vous crois pas.

TRISTAN – Comme j'ai refusé de croire Fletcher tout à l'heure, quand il me disait qu'Emily se jouait de mon amour ... Les Gatewood me trahissent, Mary, tout comme vous. Emily est aussi cruelle que son frère.

FLETCHER – Les Gatewood se sont moqués de nous. Je propose que nous nous vengions ensemble ! Qu'en dites-vous ?

MARY – De quoi voulez-vous vous venger ?

FLETCHER – La Comtesse me doit de l'argent.

TRISTAN *(se levant)* – Il a décidé de vous oublier et vous ne le verrez plus. C'est tout ce que je devais vous dire. A présent je n'ai plus rien à faire ici, adieu Mary.

MARY – Je ne vous connais pas. Rien ne me prouve que vous dites la vérité. Je ne vous crois pas. Vous mentez ! Pourquoi ? Pourquoi mon Dieu ?

(Mary se met à pleurer, Amanda la console.)

AMANDA – C'est vrai que j'ai trouvé étrange que Maximilien parte brusquement ce soir...sans même vous attendre ... Ma pauvre enfant...

FLETCHER *(se levant)* – Vous partez ? Vous ne voulez pas vous venger du malheur qu'on vous cause ?

TRISTAN – Je me débrouillerai sans vous ! *(à Mary)* Ah ! J'allais oublier, il m'a donné ça pour vous.

(Il laisse le petit paquet et rejoint le bar pour finir seul son verre.)

FLETCHER *(à Mary)* – Et vous Mlle Stonel ?

MARY – Laissez-moi !

(Edward, un peu plus saoul, et Wendy reviennent.)

FLETCHER – Vous n'y croyez toujours pas. Il va falloir pourtant que vous regardiez la vérité en face.

(Il va chercher Edward qui proteste et l'emmène jusqu'à Mary.)

EDWARD – Qu'est-ce qui vous prend ... Fle... Fletcher !

FLETCHER – Dites à cette jeune fille qui doit épouser Gatewood !

Tableau III, scène 6

EDWARD – Ga ..Gatewood ? En ... encore ?

FLETCHER *(le secouant)* – Dites-lui !

EDWARD – C'est m... moi ! J'vous dis que c'est m... moi !

FLETCHER – Mais non ! Je parle de Maximilien Gatewood ! Pas de sa sœur, triple buse !

EDWARD – Ah ... Ah bon ? A... Alors... c'est pas moi ! *(riant)* C'est E ... Ellen !

FLETCHER – Son nom !

EDWARD – Ellen S... Smith-Anjou, ma ... ma saloperie de cousine!

MARY *(qui vient d'ouvrir le petit paquet)* – Sa bague de fiançailles ! Et pas un mot ! *(Elle pleure de plus belle.)*

EDWARD – Ooh ! E ...elle pleure... i ...i faut pas ! Il... il s'habituera.... au ... au mariage...

AMANDA – Ma pauvre petite !

(Wendy vient chercher Edward, elle l'accompagne au bar, il la repousse.)

WENDY *(vexée)* – Tout fout l'camp ! Y'a plus d'saison ! Y'a plus d'galanterie ! Y'a plus de classe, même dans la haute ! *(Elle sort.)*

(Edward s'accroche à Tristan qui n'arrive pas à s'en débarrasser. Ils sortent ensemble.)

FLETCHER *(s'approchant de Mary pour la réconforter)* – Vengez-vous Mary ! Vengeons-nous, ensemble !

MARY *(furieuse, se levant et repoussant Fletcher)* – Fichez-moi la paix ! Je n'ai pas besoin de vous ! Débrouillez-vous avec la Comtesse ! Je saurai bien m'occuper de son fils, et croyez-moi il va regretter ses mensonges et sa lâcheté !

(Fletcher sort. Elle se rassoit et pleure de rage, tapant du poing la table, trépignant. Pendant ce temps, Stanhope revient. Il repère Amanda et l'aborde.)

STANHOPE – Alors ? Du nouveau ?

AMANDA – Vous voyez pas que c'est pas l'moment, inspecteur ?!

MARY – Inspecteur ? Vous êtes de la police ?

STANHOPE – William Stanhope de Scotland Yard.

MARY – Vous tombez bien, vous. J'ai des choses à vous révéler.

Tableau III, scène 6

STANHOPE – Je vous écoute Mademoiselle.

AMANDA – Ne dites rien que vous puissiez regretter, Mlle Stonel.

MARY (*sèchement*) – Tais-toi Amanda, je sais ce que je fais.

Tableau IV

UN CRIME

Une rue de Londres, la nuit, dans le brouillard. Même rue que le tableau 1 ou bien une rue différente.

Scène 1 : Wendy et Jane.

(Elles font les cent pas en attendant les clients.)

WENDY – Mon aristo ne m'a rien rapporté ! Il s'est écroulé sous la table complètement saoul ! Enfin, je toucherai ma part sur les bouteilles de whisky qu'il a payées. Ça f'ra juste de quoi pas crever la dalle !

JANE – Ne grogne pas, tant que la nuit est pas finie, y'a encore d'l'espoir de gratter quelques ronds ! ... *(un temps)* Quand j'te disais... Voilà quelqu'un. *(Alan s'approche.)* Tu t'promènes chéri ?

WENDY – Tu veux que je te réchauffe ?

ALAN *(l'observant)* – Je préfère ta copine.

Un crime

WENDY – C'est vraiment pas mon jour !

JANE – Allons-y mon lapin ! *(à Wendy)* A tout à l'heure.

(Ils sortent. Wendy reprend sa marche de long en large. Une ombre approche.)

WENDY – En v'la un autre ! Cette fois faudra pas qu'il fasse la fine bouche ! Ce s'ra moi ou rien ! … Salut chéri ! Tu viens m'faire un câlin ? Et bien approche mon grand, fais pas le timide !

(Finalement Wendy s'approche, l'ombre se jette sur elle, elle crie et tombe. On voit et entend le meurtrier s'acharner sur elle. On n'entend plus rien. L'ombre se retire.)

<u>Scène 2 : Maximilien, Rupert, Jane et Alan.</u>

(Maximilien entre sans voir le cadavre.)

MAXIMILIEN – J'aurais dû expliquer moi-même la situation à Mary. Comment ai-je pu avoir peur d'elle ? Il n'est peut-être pas trop tard pour la retrouver aux Roses d'Amanda. Je suis tout près, mais avec ce brouillard et cette obscurité, je m'y perds. *(Apercevant Wendy)* Ah ! *(Il recule, horrifié.)*

Tableau IV, scène 2

RUPERT *(se jetant sur Maximilien)* – Ne bouge plus ! A l'assassin ! Police ! A moi la police !

MAXIMILIEN – Lâchez-moi ! Pauvre fou ! *(Il le repousse.)*

RUPERT *(avec crânerie)* – Rends-toi ! Allez rends-toi ! Je suis Rupert Fix, l'homme qui va arrêter Jack l'éventreur. *(Il se jette à nouveau sur lui.)*

MAXIMILIEN – C'est bien ma veine de tomber sur un imbécile !

(Il le repousse et Rupert tombe le derrière par terre. Maximilien se sauve. Jane et Alan entrent.)

JANE – Mais c'est le lord Gatewood !

ALAN – Rien de cassé mon bonhomme ?

RUPERT – Je ne suis pas votre bonhomme. Je suis Fix, Rupert Fix ! L'homme qui …

ALAN – …qui est tombé sur le cul !

RUPERT *(protestant)* – Non, l'homme qui … *(Alan le toise, Rupert recule.)* Euh … enfin, oui, aussi… Ah Misère ! Vous ne comprenez pas ! Je tenais l'assassin !

JANE – Comment ? Quel assassin ?

RUPERT – Derrière vous, miss.

Un crime

ALAN – Bon Dieu quelle boucherie ! Ne regarde pas Jane ! Fichons le camp d'ici !

JANE *(criant et pleurant)* – Wendy ! Wendy ! *(Ils sortent du côté où ils sont entrés.)*

RUPERT *(criant)* – Elle sera vengée, miss Jane ! Je témoignerai. Je suis un ami personnel de l'inspecteur Stanhope ! Oui, oui ! Vous pouvez compter sur moi ! *(D'abord fier, puis se voyant seul avec le cadavre, il sursaute, il sort précipitamment.)* Police … ! Police … !

Scène 3 : Edward et Tristan

(Edward entre en titubant et en marmonnant « God save the Queen ». Tristan le suit.)

TRISTAN – Dans quoi est-ce que je marche, moi ? *(touchant sa chaussure et observant sa main)* Du sang ! *(Il sursaute.)* Un corps ! Des … des entrailles ! Ah ! *(Edward dégringole.)* Et l'autre ivrogne qui ne veut pas se taire ! Qu'est-ce qui brille, là ? Un scalpel ! L'arme du tueur ! *(Il le ramasse, le regarde puis le lâche.)* Je suis fou de rester là ! Si quelqu'un survenait, il pourrait m'accuser ! *(Il va vers la sortie, s'arrête, revient en arrière et ramasse le scalpel.)* Je la tiens ma vengeance ! Tu vas avoir une drôle de surprise au réveil ! *(Il traîne Edward près du cadavre, frotte de sang ses vêtements et ses mains.)* Vous pouvez encore marcher sir Edward ?
EDWARD – Je suis fatigué. Il faut que je me couche.

TRISTAN – Vous vous coucherez chez vous. Allons un peu de courage ! *(regardant la manche)* Oh ! Les jolis boutons ! *(Il coupe un bouton de manchette de la chemise d'Edward, le jette vers le cadavre.)* Merveilleux ! *(Il place le scalpel dans la poche d'Edward. Il aide celui-ci à se lever et lui fredonne « God save the King ». Edward repart à chanter à tue-tête.)*

TRISTAN – J'espère que cet imbécile croisera la route d'un policier.

(Ils sortent, Edward le premier, puis Tristan.)

Scène 4 : Fletcher.

FLETCHER – Runwald s'est arrêté là un petit moment ! Qu'est-ce qu'il pouvait bien faire dans cette rue. Ah ! C'est … C'est monstrueux ! *(Il recule d'effroi.)* Du sang ! …Partout… ! L'éventreur ! Il est là ? Aah …! *(Il regarde de tous côtés comme si l'assassin allait apparaître.)* Personne ! Il est parti ! Quoi, on vient ! Qu'est-ce qu'on va croire ? Il ne faut pas qu'on me trouve là ! *(Il sort.)*

Scène 5 : Rupert, Stanhope et un agent, Mary.

RUPERT – Heureusement vous n'étiez pas loin. Le cadavre est ici inspecteur. Et je suis formel, j'ai vu Lord Gatewood se sauver.

STANHOPE – Vous le connaissez ? Vous l'avez reconnu ?

RUPERT – Euh non ! Ni l'un, ni l'autre. J'ai surpris l'éventreur sur le corps de cette pauvre fille. Je me suis jeté sur lui, nous avons lutté, mais... par une manœuvre inattendue, il...il a ....trompé ma vigilance et s'est sauvé. Cependant l'autre fille l'a bien reconnu.

Stanhope – Quelle autre fille ?

RUPERT – Elle s'appelle Jane et elle est mariée avec un certain Alan.

STANHOPE – Mariée ? Qu'en savez-vous ?

RUPERT – Euh ...Je ne suis pas très sûr... Ils avaient l'air d'être bien ensemble ... comme des gens qui ... qui... qui se connaissent bien... enfin... vous voyez ce que je veux dire, Monsieur l'inspecteur. *(Il fait des gestes pour signifier ce qu'il veut dire comme le font les enfants.)*

STANHOPE – Dites donc, vos amoureux, dans un quartier pareil, ce ne serait pas par hasard, une putain et son client ?

RUPERT – Vous croyez ?

STANHOPE – Vous ne m'avez pas l'air très dégourdi, vous !

RUPERT – Ah bon ? Pourtant je vous assure, Martha dit ....

Tableau IV, scènes 5

STANHOPE – Une autre greluche ?

RUPERT *(scandalisé)* – Bonté divine, non ! Je vous parle de Madame Fix, mon épouse !

STANHOPE *(apercevant un objet)* – Excusez-moi ! *(Il le ramasse.)*

RUPERT – Un indice ?

STANHOPE – Peut-être ! Un bouton de manchette ! *(Il observe de plus près.)* E.S.A ... *(Il le met dans sa poche.)* Puis-je vous demander de m'accompagner, demain, pour une confrontation.... monsieur ...?

RUPERT *(retrouvant le sourire et serrant la main de Stanhope)* – Fix, Rupert Fix. Tout le plaisir sera pour moi, inspecteur Stanhope. Voyez-vous je réalise un rêve : je vais arrêter Jack l'éventreur. Ah si Martha pouvait me voir en ce moment ... Euh ! Non ! Il vaudrait mieux qu'elle ne me voit pas du tout !

STANHOPE – Parfait. A demain matin, monsieur Fix. Rendez-vous ici même.

(Rupert sort. Mary entre. Stanhope et l'agent se cachent.)

MARY *(désespérée)* – Cet inspecteur ne m'a pas crue ! Je n'ai pas été convaincante ! Oh Maximilien, je t'aime encore ! Pourquoi me brises-tu le cœur ? Tu me fais tellement mal ! Je ne te laisserai pas à Ellen, et je peux encore t'arracher aux griffes de ta mère, même si elle est une cousine de sa majesté ! *(Elle sort, sans avoir vu le cadavre.)*

STANHOPE – Suivez de près cette jeune femme.

(L'agent sort.)

Tableau V

WENDY A LA UNE

La même rue que le tableau précédent, le lendemain matin, sans brouillard. Des passants traversent la rue, certains achètent un journal.

Une seule scène : Les crieurs, les passants, Martha et Rupert.

1er CRIEUR – Demandez le Daily Telegraph ! Tout sur le crime de la nuit dernière.

2ème CRIEUR – Le Morning Post ! Messieurs dames ! Le Morning Post ! La vie tragique de la jeune Wendy Pike.

(*Les passants 1 et 2 prennent chacun un journal, pas le même.*)

MARTHA – Rupert ! Que venons-nous faire une fois de plus dans ce maudit quartier ?

RUPERT – C'est le théâtre des événements passionnants qui secouent Londres. Nous vivons un moment d'histoire ! Ne le comprenez-vous pas, ma biche ?

MARTHA – Quelle imprudence ! Ne pouvez-vous pas vous passionner dans le salon, comme tout le monde ?

RUPERT– C'est ici que le crime a eu lieu, Martha !

(Il regarde le sol avec attention, il cherche quelque chose.)

MARTHA – Evidement mon pauvre Rupert ! Il ne viendrait pas l'idée à une honnête femme, de laisser un crime se commettre dans son salon ! Ce serait d'un vulgaire...

RUPERT *(continuant de chercher)* – Et puis j'ai rendez-vous ici avec l'inspecteur Stanhope.

(Pendant que son épouse ne regarde pas, il se met à quatre pattes pour chercher sous le banc.)

1er PASSANT – Wendy Pike, prostituée notoire à la taverne Les roses d'Amanda a été sauvagement assassinée, la nuit dernière à Fox Street, dans le quartier de Whitechapel.

2ème PASSANT – Fox Street ? Dis-moi petit ? Où se trouve Fox Street ?

1er CRIEUR – Vous y êtes m'sieur !

MARTHA – C'est ici même ?

Tableau V

1er CRIEUR – Ouais m'dame ! Juste derrière vous. Les pavés sont lavés du sang et des tripes de Wendy depuis une heure seulement !

MARTHA – Bonté divine ! Rupert ! Allons-nous en ! *(Remarquant son manège.)* Mais que faites-vous à la fin ? ! *(Elle lui flanque un coup de pied. Dans son sursaut, il se cogne la tête au banc.)*

RUPERT *(se frottant la tête)* – Je cherche un indice. *(Plus bas, mécontent.)* Bon sang de bois ! *(Il se concentre et ses yeux se perdent dans le vague, il suit une pensée.)*

2ème PASSANT – Finalement chère Madame, avez-vous déménagé de quartier ainsi que vous l'envisagiez ?

MARTHA – Bien sûr que non ! Comment voulez-vous en si peu de temps ? ! Ah quel malheur ! Si nous habitions près de Buckingham Palace, je me sentirais plus en sécurité.

2ème PASSANT – Vous auriez bien tort !

MARTHA – Et pourquoi donc, je vous voudrais bien le savoir Monsieur ?

2ème PASSANT *(lisant)* – « Le Daily Telegraph informe ses lecteurs, que l'inspecteur Stanhope de Scotland Yard mène l'enquête dans l'entourage de la famille royale. L'éventreur pourrait-il être un aristocrate ? Nous ne manquerons pas de vous donner plus d'informations dans notre prochaine édition. » Voilà pourquoi, chère Madame !

RUPERT *(dans ses pensées)* – Ah ! Gatewood ! Je te tiens ! Tu seras pendu ! Il le faut ! Je le veux ! *(Puis revenant à ses recherches, agacé)* Aaah ! J'aimerais trouver aussi ... C'est insensé de ne rien trouver !

MARTHA – Les journalistes du Daily Telegraph raconteraient n'importe quoi, du moment que cela ennuie les personnes respectables ! Et les lecteurs du Daily Telegraph sont des ânes bâtés. *(Le 2ème passant hausse les épaules et sort.)* Rupert ! Allons-nous-en !

RUPERT – Comment ... ? Déjà ? Mon rendez-vous ? *(Martha fronce les sourcils.)* Euh oui ... Tout de suite ! Je vous propose, mon trésor, de nous reposer un peu aux Roses d'Amanda !

1er PASSANT – C'est à deux pas d'ici !

MARTHA – Alors, il ne suffit pas à monsieur de sortir de la maison à des heures impossibles, pour aller boire un verre en cachette ! La petite leçon de la nuit dernière n'a pas suffi ?

RUPERT *(se frottant la joue)* – Oh si, Martha ! Je vous assure que j'ai bien compris votre point de vue !

MARTHA – Vous oseriez me faire entrer dans ce genre de maison, Rupert ?

Tableau V

RUPERT – Pour mon enquête Martha ... seulement pour l'enquête !

MARTHA – Cela suffit ! *(Elle le prend par le col et le pousse devant elle.)* Vous enquêterez à la maison ! Et ce soir je garde la clé de la porte, non mais ! Débauché !

RUPERT – Mais ...

MARTHA – Y a pas de mais Rupert !

1er PASSANT – Quand on pense à la pauvre Wendy, on se dit que l'éventreur aurait pu s'en prendre à de plus méchantes !

MARTHA – Pardon ? Qu'insinuez-vous là ? Répétez, si vous l'osez !

1er PASSANT – Vous auriez dû passer plus tôt dans cette rue, madame... beaucoup plus tôt... la nuit dernière par exemple, cela aurait fait beaucoup de bien à votre mari ! *(Il sort.)*

MARTHA – Rupert ! Rupert ! On m'insulte, et vous ne dites rien ?

RUPERT – Si Martha ... bien sûr Martha... *(S'avançant du côté où le 1er passant a disparu et brandissant un poing, peu convaincant, la voix hésitante.)* Ne recommencez pas ou vous aurez à faire à moi !

(Le 1ᵉʳ passant revient, Rupert recule, le passant le pousse. Stanhope entre de l'autre côté, le récupère dans ses bras.)

STANHOPE – Vous êtes à l'heure, suivez-moi. *(Il l'entraîne pour sortir.)*

MARTHA – Où allez-vous ? Où emmenez-vous mon mari ?

STANHOPE – Nous avons rendez-vous avec une femme.

MARTHA – Dieu du ciel !

STANHOPE – Et nous allons au bordel !

MARTHA *(pendant qu'ils sortent.)*– Miséricorde ! Rupert ! Rupert ! Je vous interdis ! … C'est un ordre, Rupert !… *(une fois qu'ils sont sortis, inquiète d'être seule)* Attendez-moi !

1ᵉʳ CRIEUR – Daily Telegraph !

2ᵉᵐᵉ CRIEUR – Morning Post !

(Ils répètent plusieurs fois, se poussant du coude, pendant que le rideau se ferme.)

Tableau VI

SCANDALE

Décor : le salon de la Comtesse de Chester.

Scène 1 : Ellen, Emily, Fletcher.

(Emily lit un roman dans un fauteuil le dos à la porte.)

FLETCHER *(entrant)* – Mademoiselle Ellen Smith-Anjou !
(Elle entre en se tordant les mains, il sort.)

EMILY *(sans regarder Ellen)* – Tu me dois un schilling ma vieille !

ELLEN – Au diable ton schilling ! Ce n'est pas le moment !

EMILY – Allons ne sois pas mauvaise joueuse ! Les soupirs d'amour de Tristan Runwald s'entendent jusqu'à l'autre bout de l'empire. Voici la preuve ! *(Elle sort une lettre de son corsage.)* Tiens, tu peux lire, c'est à mourir d'ennui... ou de rire, c'est selon.

ELLEN *(arrachant la lettre et la jetant par terre)* – Je te dis que ce n'est pas le moment ! Tu m'entends ?

EMILY – Oh, ne te fâche pas !

ELLEN – Tu as lu les journaux ?

EMILY – Non, je ne lis jamais les journaux. Je n'aime pas les oiseaux de mauvais augure.

ELLEN – Est-ce que tu sors de chez toi de temps en temps ?

EMILY – A chaque fois qu'il y a une course intéressante à Epsom.

ELLEN – As-tu entendu parler de l'assassin de Whitechapel ?

EMILY – Bien sûr ! John le violeur !

ELLEN – Non, Jack l'éventreur ! Les journaux soupçonnent un familier de la cour !

EMILY *(désinvolte)* – Que ne vont-ils pas inventer pour vendre leur chiffon !

ELLEN *(sortant un papier)* – Lis cela.

Tableau VI, scène 2

EMILY *(Lisant, perdant son sourire et son calme)* – L'éventreur ? … Mais…Oh !… *(Elle ouvre brusquement la porte et hurle de colère.)* Fletcher ! Fletcher ! *(Il apparaît.)* Prévenez Madame la Comtesse de venir immédiatement.

FLETCHER – Oui Mademoiselle Emily. *(Il sort.)*

Scène 2 : la Comtesse, Ellen, Emily.

LA COMTESSE – Que se passe-t-il Emily ? On vous entend crier jusqu' à l'étage.

EMILY – L'heure est grave.

ELLEN – Quelqu'un nous veut du mal !… Lisez ce courrier. Je l'ai trouvée ce matin, devant la porte.

LA COMTESSE *(lisant)* – « Mademoiselle Smith-Anjou, j'ai le triste devoir de vous informer que l'homme que vous aimez est un monstre. » … « Il est le meurtrier que la police recherche depuis des semaines. Il est … l'éventreur de Whitechapel ! » … C'est absurde !

ELLEN – Lisez la suite.

LA COMTESSE – « Quittez-le au plus vite, cet homme est fou ! Sa folie vous perdra, il vous déshonorera … peut-être pire. Si vous ne connaissez pas le sort qu'il vous réserve, lisez les journaux. Adieu.»

EMILY – Cette lettre est grotesque !

LA COMTESSE – Vous ne croyez pas ces choses, Ellen ?

ELLEN – Bien sûr que non ! Mais je veux savoir qui me poursuit de sa haine au point d'écrire ces horreurs et de venir les glisser sous ma porte !

LA COMTESSE (*pensive*) – Bien sûr … (*à Ellen*) Ne pensez plus à cela, je connais notre ennemi.

ELLEN – Qui … ?

LA COMTESSE – De grâce ! Ne m'en demandez pas plus ! Je vais lui montrer qu'on ne peut pas s'attaquer impunément à un Comte de Chester !

Scène 3 : les mêmes, Stanhope.

FLETCHER – L'Inspecteur William Stanhope demande…

STANHOPE (*bousculant Fletcher pour entrer plus vite*) – Mes hommages, Madame la Comtesse.

(*Ellen arrache la lettre des mains de la Comtesse pour la cacher dans son dos. Stanhope baise la main de la Comtesse puis celle d'Ellen.*)

LA COMTESSE – Miss Smith-Anjou est la fiancée de mon fils Maximilien, inspecteur.

Tableau VI, scène 3

STANHOPE – Ravi de vous rencontrer. Inspecteur Whilliam Stanhope. J'enquête sur les meurtres de Whitechapel. Vous en avez entendu parler, je présume... ? Vous avez là, une main droite ravissante. Me montrerez-vous la gauche que je compare leur beauté ?

ELLEN *(effrayée)* – Non !

STANHOPE – Non ? C'est bien ce que je craignais. Alors laissez-moi deviner ... Voyons... Vous tenez, dans votre exquise main gauche, une lettre anonyme portant de graves accusations contre un proche.

LA COMTESSE – Cette lettre est une calomnie ! *(À Ellen)* N'ayez pas peur. Nous sommes intouchables *(À Stanhope)* Et malheur à ceux qui nous attaquent !

STANHOPE – Je suis prêt à vous croire Madame la Comtesse. Je vous prie cependant de me remettre cette lettre pour les besoins de l'enquête.

(La Comtesse prend la lettre des mains d'Ellen et la passe à l'inspecteur qui en prend connaissance.)

STANHOPE – En général, je ne prête jamais d'attention à ce genre de courrier... mais il se trouve que l'enquête va dans le sens de ces accusations anonymes.

LA COMTESSE – Soupçonnez-vous mon fils ?

STANHOPE – Parmi d'autres suspects, oui Comtesse ! Etant donné votre qualité, il ne peut s'agir que d'un malentendu, et vous me voyez navré de vous déranger. Pour lever ces doutes ridicules, il suffirait que nous établissions ensemble certains faits, avec votre aimable autorisation.

LA COMTESSE – J'imagine que plus vite je répondrai à vos questions, plus vite vous quitterez cette maison. Asseyez-vous Inspecteur et commencez.

STANHOPE – Merci Madame la Comtesse. En premier lieu, auriez-vous l'obligeance de m'indiquer où se trouvait lord Gatewood, les soirées des 31 août, 10 septembre et 25 septembre dernier ?

LA COMTESSE *(agacée)* – Comment voulez-vous que je m'en rappelle ? !

STANHOPE – N'était-il pas à la taverne Les Roses d'Amanda ?

LA COMTESSE – Un lord dans une taverne ? Vous imaginez cela ?

STANHOPE – Madame la Comtesse, vous seriez étonnée de savoir le nombre de jeunes gens bien nés qui fréquentent les tavernes !

LA COMTESSE – Soit ! Lord Gatewood est peut-être allé dans cette taverne… et après ?

Tableau VI, scène 3

STANHOPE – Les dates sont importantes Madame … votre fils était-il à Whitechapel les nuits des meurtres ?

LA COMTESSE – Et quand bien même il y serait allé, ce qu'il faut encore prouver, pourquoi le soupçonnez-vous en particulier ? Pourquoi n'interrogez-vous pas tous ceux qui se trouvaient à Whitechapel ces nuits-là, à commencer par la vermine de ce quartier ?

STANHOPE – Pas à Whitechapel, Madame la Comtesse, à la taverne Les Roses d'Amanda, ce qui limite le nombre de personnes à interroger. Tous les crimes ont été commis près de cet endroit, les soirs où semble-t-il, votre fils s'y trouvait.

LA COMTESSE – S'il se trouvait dans cette taverne et pas dans une autre ! Et s'il y était ces jours-là et non pas la veille ou le lendemain ! Cela fait beaucoup de « si », ne pensez-vous pas ?

STANHOPE – En effet, et je vous prie de croire que je serais extrêmement soulagé pour votre éminente famille, si Lord Gatewood pouvait m'assurer que ces nuits-là, il n'était pas à Whitechapel.

LA COMTESSE – S'il ne faut que cela pour en finir avec cette lettre ridicule… (*Elle sonne. Fletcher entre.*)

Scène 4 : les mêmes.

LA COMTESSE – Prévenez Lord Gatewood que l'inspecteur Stanhope de Scotland Yard l'attend au salon.

FLETCHER – Oui Madame la Comtesse...

ELLEN – Il s'agit d'un complot contre Maximilien !

LA COMTESSE – Et je ne vois qu'une personne qui pourrait nous en vouloir à ce point !

STANHOPE – Qui ?

LA COMTESSE *(gênée)* – Une petite intrigante qui en veut à la fortune des Gatewood.

STANHOPE *(en aparté)* – Nous y voilà !

LA COMTESSE – J'ai découvert ses manigances et cette petite vipère s'est vengée en envoyant cette lettre anonyme pour tenter de nous déshonorer.

Scène 5 : les mêmes, Maximilien, Amanda, Mary, Rupert, Jane et Alan.

MAXIMILIEN *(entrant)* – Bonjour Ellen *(baise main)*. Monsieur l'Inspecteur ?

STANHOPE – Bonjour lord Gatewood. Je vous prie de vous asseoir. *(Il reste debout.)*

Tableau VI, scènes 4 et 5

LA COMTESSE *(très sèchement)* – Assis ! *(Il s'assoit, craintif.)*

STANHOPE – Je serai bref, une lettre anonyme insinue que vous êtes l'assassin de Whitechapel. Et pour dissiper les doutes, je vous demande de bien vouloir vous rappeler où vous étiez les nuits des 31 août, 10 septembre et 25 septembre dernier.

MAXIMILIEN – Et bien … je ne m'en souviens plus ! C'est loin !

LA COMTESSE – Faites un effort Maximilien ! Vous étiez peut-être ici ? Avec Ellen ? Ou à une réception ? Que sais-je encore ?

STANHOPE – Le 25 septembre n'est pas si loin lord Gatewood … 4 jours seulement …C'était lundi …

MAXIMILIEN *(réfléchissant)* –…Ah ! Je me rappelle maintenant ! Je suis resté là. J'ai lu et je me suis couché.

STANHOPE – Et hier soir ?

MAXIMILIEN – J'étais là.

STANHOPE – C'est extrêmement ennuyeux ce que vous me dites-là parce que, voyez-vous, madame Payton, la tenancière des Roses d'Amanda, affirme que vous étiez dans sa taverne lundi dernier. Vous y étiez aussi hier soir. Vous aviez un rendez-vous avec Mlle Stonel.

ELLEN – Qui est cette femme?

LA COMTESSE – Niez tout Maximilien !

MAXIMILIEN – Je ... je ne connais pas cette personne !

STANHOPE (*ouvrant la porte et appelant*) – Madame Payton ! Miss Stonel ! *(Elles entrent.)* La mémoire vous revient-elle, lord Gatewood ?

MAXIMILIEN (se *troublant*) – Je ...J'ai fait une erreur...

STANHOPE *(secouant la tête d'un air désolé)* – Vous voulez sans doute dire un mensonge ... Vous ne m'aidez pas à vous disculper ! Vous êtes donc un client régulier de cette taverne ?

AMANDA – Je l'affirme.

LA COMTESSE – Ne répondez pas ! Mon fils ne connaît pas cette Amanda... ni cette Mary !

MARY *(sèchement)* – Maximilien ! Je peux te pardonner si, à l'instant, tu dis la vérité !

EMILY – Quelle vérité ? Celle de vos mensonges ?

Tableau VI, scène 5

MARY – La vérité de son amour pour moi, de ses serments enflammés, et du mariage qu'il m'a promis !

ELLEN – Impossible ! Vous mentez, sale petite garce !

STANHOPE (*à la Comtesse*) – Mary Stonel ne serait-elle pas la petite intrigante dont vous parliez à l'instant ? (*à Maximilien*) Répondez lord Gatewood ou bien je vous arrête pour pouvoir continuer cet entretien dans mon bureau.

MAXIMILIEN (*prenant peur, tremblant*) – Je …J'y suis allé… plusieurs fois …

LA COMTESSE – Aah ! Le lâche !

STANHOPE – Combien de fois ?

MAXIMILIEN – Je … Je ne sais pas … Je ne sais plus !

STANHOPE – Une fois par mois ?

MAXIMILIEN – Peut-être ! Oui, une fois par mois.

AMANDA (*incrédule*) – Hum Hum …

MARY – Tous les deux jours depuis un mois, goujat ! Et une fois par semaine avant cela !

STANHOPE – Vous continuez à vous enfoncer dans le mensonge !

LA COMTESSE – Cela suffit ! Vous lui avez tendu un piège ! Dites-nous où vous voulez en venir inspecteur Stanhope !

STANHOPE – Lord Gatewood, si vous n'avez pas de mémoire, votre petite amie en a pour vous. *(Il sort de son vêtement le journal personnel de Mary.)*

ELLEN – « Sa petite amie » ! Mais vous êtes grossier ! Lord Gatewood n'a pas de « petite amie ». Il a une fiancée et elle est devant vous.

STANHOPE – Cette jeune fille est formelle. D'ailleurs, elle tient le journal que voilà, *(l'ouvrant)* et on y lit que vous aviez rendez-vous avec elle dans Whitechapel, chez Amanda Payton, plusieurs fois par semaine et notamment les soirs où les crimes ont eu lieu.

MAXIMILIEN – Une coïncidence malheureuse ! Dis-le Mary ! Puisque j'étais avec toi, je ne peux pas être le monstre de Whitechapel.

MARY – Nous étions ensemble une partie de la soirée seulement ! Que faisais-tu quand tu me quittais ? Je ne peux pas certifier que tu étais avec moi à l'heure des meurtres.

STANHOPE – Si c'est une coïncidence, pourquoi mentir alors ?

Tableau VI, scène 5

MAXIMILIEN – Je ... je voulais épargner Ellen... Parler de Mary, en sa présence, est tout à fait déplacé. Hélas ...

MARY – Hypocrite ! *(Elle tente de le gifler, mais Amanda retient sa main.)* Et tu disais me chérir plus que tout !

ELLEN – Quelle horreur ! Vous avec cette fille ... ? ! Alors que nous devons nous marier !

STANHOPE *(ironique)* – La coïncidence est rare dans mon métier Lord Gatewood ! La coïncidence, c'est souvent l'alibi du coupable !

LA COMTESSE – L'impertinence ne convient pas à votre rang, inspecteur ! Notre famille est puissante, vous risquez votre place en accusant sans d'autres preuves que la parole de cette fille dont les motifs sont douteux !

(Stanhope fait signe à Mary et Amanda de sortir.)

AMANDA – Je suis désolée, Milord, Monsieur l'Inspecteur ne m'a pas laissé le choix. *(Elle sort.)*

STANHOPE - Lord Gatewood, vous avez suivi des études de médecine, n'est-ce pas ?

MAXIMILIEN – C'est vrai.

STANHOPE – L'assassin de Whitechapel éventre et découpe ses victimes avec une précision chirurgicale, est-ce toujours une ...coïncidence ?

LA COMTESSE – Inspecteur ! Je vous demande de quitter cette maison sur le champ !

(L'inspecteur sonne.)

STANHOPE – J'en ai presque terminé, Madame la Comtesse.

MAXIMILIEN – Je n'ai jamais terminé mes études. Je n'ai pas le titre de médecin. Qu'en ferais-je d'ailleurs ? Je suis un Lord, je n'ai jamais eu l'ambition de me faire médecin ! Ces études étaient une occupation comme une autre. Et je n'ai jamais appris la chirurgie contrairement à ce que vous insinuez.

STANHOPE – Possédez-vous une trousse chirurgicale par hasard ? *(Fletcher entre.)*

Maximilien – ... Je ... Je ne sais pas ...

LA COMTESSE – Enfin Maximilien ! Vous perdez la tête ?

STANHOPE *(à Fletcher)* – Montez dans la chambre de Monsieur, en fouillant un peu vous devriez trouver une petite sacoche noire, comme celle des médecins. Je vous prie de l'apporter ici. *(Il sort.)*

EMILY – Vous donnez des ordres dans cette maison maintenant ?

Tableau VI, scène 5

MAXIMILIEN *(affolé)* – J'avoue …

(Stupéfaction des trois femmes.)

ELLEN – Mon Dieu quelle horreur !

MAXIMILIEN *(se rendant compte de la méprise)* – Que je possède des instruments de chirurgie.

ELLEN, EMILY et LA COMTESSE *(soulagées)* – Ah !

MAXIMILIEN – Je vous le répète, je n'ai pas prolongé les études assez loin pour savoir la chirurgie. Ce sont des objets que les professeurs m'ont fait acheter et je les ai gardés.

STANHOPE – En souvenir, je suppose ? Et bien nous allons voir si les scalpels ont servi récemment !

LA COMTESSE – Vos insinuations sont insupportables ! Ne voyez-vous pas que cette petite croqueuse d'héritage a mis le grappin sur un lord ! Que sa manœuvre découverte, elle cherche à se venger ? Et qu'enfin, cela crève les yeux, elle est l'auteur de cette lettre !

STANHOPE – Je sais tout cela. La nuit dernière la pauvre Mary, humiliée par son amant, m'a raconté les fâcheuses coïncidences de ses rendez-vous galants. Puis, hors d'elle-même, pensant sans doute que je n'en tiendrais pas compte, elle a rédigé cette lettre qu'elle a glissée sous la porte de Mlle Smith-Anjou au petit matin. L'agent qui la suivait m'a fait un rapport circonstancié de ses faits et gestes.

ELLEN – Mais alors son témoignage ne vaut rien !

STANHOPE – Ce témoignage seul est fragile, mais il est loin d'être le seul. D'autres viennent l'appuyer. *(Ouvrant la porte et appelant)* Entrez messieurs dames ! *(Jane et Alan, Rupert et Martha entrent.)* Reconnaissez-vous quelqu'un dans cette pièce ?

RUPERT – Oui Inspecteur. *(Le montrant du doigt, Martha lui donne une tape sur la main)* Je reconnais l'homme que j'ai saisi et qui m'a poussé.

JANE – Je le reconnais aussi. C'est lord Gatewood, je l'ai souvent vu aux Roses d'Amanda.

ALAN – C'est l'homme qui a fui à notre arrivée sur le lieu du crime.

STANHOPE – Madame Payton, monsieur Fix, miss Jane et Alan, voici quatre personnes qui peuvent témoigner que vous étiez sur le lieu du crime la nuit dernière. *(Il fait signe aux témoins de sortir.)* Je pars, j'attendrai la sacoche dans le hall. Je ne vous arrête pas Lord Gatewood, pas encore... Mais vous êtes consigné dans cette maison. Des policiers vous surveilleront en attendant la fin de mon enquête. *(L'inspecteur commence à sortir puis revient vers Maximilien.)* **Vous permettez ?** *(Il lui prend la manche pour observer le bouton.)* **Merci.** *(Il sort.)*

Scène 6 : La Comtesse, Ellen, Maximilien.

ELLEN – Maximilien, je ne crois pas une seconde que vous puissiez être ce monstre dont parle les journaux, mais ce que j'apprends aujourd'hui sur vos relations avec cette femme me fait honte pour nous.

MAXIMILIEN – Epargnez-moi une scène, Ellen ! Vous savez depuis toujours que notre mariage est un arrangement entre nos familles. Nos sentiments l'un pour l'autre n'ont rien à voir là-dedans.

ELLEN – Oui je le sais ! Et quoi ? Quels époux s'aiment vraiment le jour de leur mariage ? En quoi l'arrangement de l'union de vos parents, des miens, de nos amis, est-il une mauvaise chose ? Pourquoi ne pourrait-il pas se faire aussi pour nous ? Le hasard d'une rencontre avec une fille dont vous ne savez rien fera-t-il plus votre bonheur qu'un contrat avec moi que vous connaissez depuis toujours ?

LA COMTESSE – Vous vous plierez à nos traditions, Maximilien.

ELLEN – Je ne vous aime pas non plus. J'ai rencontré des hommes plus beaux, plus intelligents, plus attentionnés que vous. Je ne me suis pas compromise pour autant ! Je vous faisais confiance et j'aurais pu apprendre à vous aimer. Maintenant ... je ne sais plus.

LA COMTESSE – Cette garce de Mary Stonel paiera pour ce qu'elle a fait. Pardonnez à Maximilien ! Soyez courageuse, Ellen ! Ne donnez pas satisfaction à notre ennemie.

ELLEN – Je réfléchirai. *(Elle sort et Emily l'accompagne.)*

Scène 7 : la Comtesse, Maximilien.

LA COMTESSE – Vous êtes content de vous ? Si Ellen décide de rompre cela provoquera un scandale supplémentaire.

MAXIMILIEN – Vous pouvez me contraindre à l'épouser, mais vous ne me forcerez jamais à l'aimer.

LA COMTESSE – Ce que vous pouvez être vulgaire, Maximilien, à parler d'amour à tout propos... Je vous parle-moi, de la réputation de notre famille. Un futur Comte de Chester ne peut pas se comporter comme vous le faites ! Et quand un gentleman trompe sa fiancée, c'est un secret mieux gardé que les bijoux de la couronne dans la Tour de Londres. Et quand bien même on le torturerait, il n'avouerait rien ! Il se battrait en duel pour un mot de trop sur son nom.

MAXIMILIEN – Vous êtes témoin que je me suis efforcé d'épargner Ellen !

Tableau VI, scène 7

LA COMTESSE – Vous ne lui avez rien épargné du tout. Stanhope a tiré de votre bouche des horreurs

MAXIMILIEN – Avais-je le choix ?

LA COMTESSE – Oui vous l'aviez !... Seulement, vous avez du jus de navet dans les veines au lieu du sang des Gatewood ! (*Il hausse mollement les épaules et la comtesse sort.*)

Tableau VII

VENGEANCES

Même décor que le tableau précédent.

Scène 1 : Fletcher, Tristan.

(Scène vide, Fletcher fait entrer Tristan dans le salon.)

FLETCHER – La nuit vous a-t-elle porté conseil, sir Runwald ?

TRISTAN – Plus que vous ne l'imaginez, Fletcher !

FLETCHER *(s'approchant pour parler plus bas)* – Bien ! M'est-il permis de songer à une association entre vous et moi, pour solder nos comptes avec cette maison ?

TRISTAN *(ironique)* – N'y songez-pas !

Fletcher *(dépité)* – Mais ... ?

TRISTAN – La nuit m'a conseillé de solder mes comptes moi-même avec Miss Emily, et je vous prie de m'annoncer sans plus attendre à Lord Gatewood.

FLETCHER – Oui monsieur. *(Plus bas)* Il était moins fier l'autre nuit ! Veuillez me suivre. *(Ils sortent.)*

Scène 2 : Edward et Fletcher.

EDWARD *(entrant)* – Ah si je pouvais me souvenir de ce que j'ai fait après avoir quitté le bouge d'Amanda ! Mais rien ! Rien ! Je ne me souviens de rien ! Ah, je devais être beau à voir ! Je ne sais même pas comment je suis arrivé devant ma porte ! Quelle cuite mes aïeux ! Oh, j'en ai vu d'autres ! Le problème c'est que les autres fois je ne me réveillais pas avec dans la poche un scalpel et les mains couvertes de sang ! Qu'est-ce que j'ai fait hier soir ? Mais qu'est-ce que j'ai fait hier soir !?

(Fletcher entre, Edward ne l'entend pas.)

FLETCHER – Bonjour Monsieur.

EDWARD *(sursautant)* – Fletcher ! Bonsoir ! Euh ! Bonjour ! Veuillez m'annoncer.

FLETCHER – Oui Monsieur.

EDWARD – Dites-moi Fletcher ! Que se passe-t-il ici ? Je suis là depuis un petit moment, la maison semble déserte...

Tableau VII, scène 2

FLETCHER – Un malheur Monsieur, mais ... je ne puis en dire plus, car ma fonction m'oblige à la discrétion vis à vis de Mme la Comtesse.

EDWARD – Evidemment ! *(Il tend un billet que Fletcher empoche rapidement.)*

FLETCHER – La police est venue. Monsieur Maximilien est soupçonné par le Yard d'avoir assassiné une femme à Whitechapel !

EDWARD – Nom de D... !

FLETCHER – Oui Monsieur ! *(Il sort.)*

EDWARD *(s'emparant d'un journal qui traîne sur une table)* – Mince ! ... Wendy ! ... Si la police apprend que j'ai passé une partie de la soirée avec elle, et qu'on trouve sur moi ce scalpel, je suis bon pour la potence ! Et ce pauvre Maximilien serait Jack l'éventreur ? Mais c'est ridicule ! Mais c'est... Mais ... *(son visage s'illumine de joie)* c'est inespéré ! Merci mon Dieu ! *(Il sort le scalpel de sa poche.)* Ce scalpel, sera bien mieux chez lui, que chez moi. Et ma foi, puisqu'on est pratiquement sûr qu'il est coupable, ça ne changera pas grand-chose pour ce pauvre Maximilien si l'on trouve le scalpel ici, plutôt que là.

(Fletcher revient et se cache derrière un divan pour observer le manège d'Edward. Celui-ci cache le scalpel dans un tiroir. Fletcher retourne vers la porte et fait mine d'arriver.)

FLETCHER – Hum !

EDWARD *(sursautant)* – Ah !

FLETCHER – Madame la Comtesse de Chester vous prie de l'attendre, Monsieur. *(Il sort.)*

EDWARD *(soufflant)* – Il m'a fait peur l'animal ! Il n'a rien vu, c'est le principal. « Madame la comtesse vous prie de l'attendre ! » Elle ne manque pas d'air ! Je ne fais que cela : l'attendre ! Et bien mettons à profit ce temps pour organiser une retraite stratégique ! Sauvons l'honneur de la famille Smith-Anjou ! Brisons notre vieille alliance avec la famille Gatewood. Ellen ne peut plus épouser Maximilien, ni moi, Ellen. Le scandale va éclater ! Ça va être terrible ! Mais est-ce une raison pour sombrer avec eux ? Soyons sérieux ! *(réfléchissant)* Voyons …Comment m'y prendre ? De la délicatesse avant tout… Ce sont nos bonnes manières qui nous distinguent de la populace. C'est ce que dit toujours père, et ce que disait grand-père avant lui *(prenant la voix du grand-père)* « Les bonnes manières ! Les bonnes manières ! »… Je connais toutes les bonnes manières du gentleman : la bonne manière de naître, celles de boire et manger, de monter à cheval, la bonne manière d'aimer ses parents et celle d'aimer son épouse, à bien distinguer de la manière d'aimer sa maîtresse. La bonne manière de gagner de l'argent, de commander un whisky au club et de gagner ou de perdre au bridge. Sans oublier, quand le devoir l'impose, la bonne manière d'insulter, elle est délicate. De trahir, il ne faut pas se tromper. De tuer et de mourir, elles sont définitives ...

Scène 3 : Edward, Emily, la comtesse.

(Emily et la comtesse entrent.)

LA COMTESSE – Bonjour Edward.

EDWARD *(en aparté)* – Improvisons !

LA COMTESSE – Nous sommes enchantées de vous voir. Vous vous faites trop rare dans cette maison qui sera un jour un peu la vôtre.

EDWARD – Hélas, Madame, c'est un devoir pénible qui me conduit chez vous aujourd'hui.

LA COMTESSE – Et bien ….nous vous écoutons.

EDWARD *(solennel)* – Il s'agit des unions que nos familles avaient envisagées. Au nom de mes parents, et de ceux d'Ellen, il me revient le douloureux devoir de vous annoncer qu'en les circonstances actuelles…

LA COMTESSE – Quelles circonstances ?

EDWARD – Madame la Comtesse, je parle de ce que rapporte la rumeur …

LA COMTESSE – C'est insensé !

EDWARD – Et de la présence d'un policier chez vous ce matin…

EMILY – Cela ne signifie pas …

EDWARD – Cela signifie suffisamment pour la famille Smith-Anjou… Dans les clubs et les salons, et jusqu'à Buckingham, on murmure déjà que l'arrestation de Maximilien est une question de jours. Le scandale sera énorme et …

LA COMTESSE – N'en dites pas plus. Je considère qu'il n'y a plus de projet d'unions entre nos familles.

EDWARD – Emily …

EMILY – Adieu, sir Edward !

EDWARD *(en aparté)* – C'est un sans-faute. Grand-père serait fier

Scène 4 : les mêmes, Fletcher, Stanhope.

FLETCHER – Inspecteur William Stanhope.

(Stanhope et Edward se croisent.)

STANHOPE – Bonjour Monsieur. *(Ils se serrent la main.)*

EDWARD – Enchanté. Edward Smith-Anjou.

Tableau VII, scènes 4 et 5

STANHOPE *(retenant sa main et répétant rêveur)* – Edward Smith-Anjou...

EDWARD *(un peu embarrassé)* – Oui ... c'est mon nom.

STANHOPE *(regardant la manche d'Edward)* – Ooh ! Le joli bouton de manchette ! ... Vous permettez ? *(Il lève la manche pour observer de plus près le bouton.)* Il se trouve que j'ai commencé une collection récemment ...

EDWARD *(poliment)* – Oh ... et vous en possédez combien ?

STANHOPE – Un seul. *(Edward le regarde surpris.)* Mais très intéressant, une pièce unique. Et le vôtre est tout aussi remarquable. *(Il lâche la manche.)* Je crois qu'il faudra qu'on se revoie et qu'on en reparle.

EDWARD *(décontenancé)* – Euh ... si vous y tenez.

STANHOPE – A bientôt, Lord Smith-Anjou. *(Edward regarde l'inspecteur comme s'il était fou et sort.)*

Scène 5 : les mêmes moins Edward.

STANHOPE - Je vous prie de m'excuser, votre ami ...

LA COMTESSE – Ce n'est plus un ami !

STANHOPE – Allons tant mieux, tant mieux ... *(La comtesse et Emily se regardent surprises.)* Je veux dire ... c'est mieux pour tout le monde.

EMILY – Je vous demande pardon ?

STANHOPE – je veux dire par là qu'on croit connaître les gens ... et puis... finalement on est déçu ...

LA COMTESSE – Vous êtes un rien confus, Inspecteur.

STANHOPE – Oui tout cela...n'a pas d'importance.

EMILY – Pas d'importance ? ! La famille Smith-Anjou et la nôtre étaient très liées jusqu'à ce que vous veniez dans cette maison y proférer des accusations sans d'autres preuves que les paroles d'une jalouse et d'une proxénète ...

STANHOPE *(réfléchissant)* – C'est vrai que leur témoignage est faible ... Cependant tous ces témoins du meurtre...

EMILY – Qu'ont-ils vraiment vu ceux-là ? Il faisait nuit et il y avait du brouillard comme tous les soirs !

STANHOPE *(réfléchissant)* – Tiens, je n'y avais pas réfléchi...

Tableau VII, scène 5

LA COMTESSE – Comment ? Quel toupet ! Savez-vous que notre nom est sur le point d'être mêlé à un scandale ? Et vous nous dites tranquillement que vous vous êtes trompé ! ?

STANHOPE – Pardon, votre fils a avoué.

EMILY – Avoir une maîtresse et fréquenter une taverne, rien de plus !

STANHOPE – Résumons : il était sur le lieu des crimes, il possède certaines connaissances et les instruments nécessaires pour éventrer et dépecer un cadavre, il a été surpris au côté de la dernière victime, enfin, il ressemble beaucoup au portrait qu'en fait le jeune docteur Freud dans un article du Morning Post.

LA COMTESSE – Ce docteur a donc rencontré l'éventreur ?

STANHOPE – Non, il s'agit d'un nouveau genre de portrait moral. Ce neurologue est l'inventeur d'une nouvelle science. Et selon lui, il pourrait y avoir un lien entre les meurtres sauvages de ces femmes et une maladie mentale qu'il appelle, qu'il appelle …*(consultant le journal)* ah ! voilà… psy*ch*ose.

EMILY – Maximilien, malade de la psy*ch*ose ?

STANHOPE – Remarquez qu'il n'y a pas besoin d'être médecin, pour comprendre qu'un homme qui tue, éventre, éviscère, découpe et mange des femmes, est un malade mental... !

EMILY – Mais quel rapport avec Maximilien ?

STANHOPE – Monsieur Freud pense que ces crimes de l'éventreur seraient des manifestations de haine envers sa mère...

LA COMTESSE *(hors d'elle)* – Sortez ! Hors de ma vue, misérable ! *(Il recule, suivi des deux femmes, menaçantes.)*

STANHOPE – A très bientôt. *(Ils sortent précipitamment.)*

Scène 6 Fletcher.

FLETCHER *(entrant)* – Enfin seul ! *(Il va récupérer le scalpel caché par Edward.)* Intéressant ! Dégoûtant, certes, mais très intéressant ! Mon vieux, les affaires reprennent ! *(Il sort.)*

Scène 7 : Tristan, Maximilien, Emily.

(Tristan et Maximilien entrent.)

MAXIMILIEN – Alors, tu me crois ?

TRISTAN – Je n'ai aucun mérite. Je te connais mieux que la police, mon cher. Leur histoire est insensée !

MAXIMILIEN – Ta fidélité me touche Tristan, vraiment ! Hier soir, j'ai pensé que tu m'en voulais à mort. Et aujourd'hui, alors que tout le monde est sur le point de m'abandonner

EMILY *(entrant sans regarder Tristan)* – Ah te voilà ! C'est fait ! Nos projets de mariage sont annulés ! C'est Edward qui ...

TRISTAN – Vos projets de mariage ! ? Je comprends mieux votre froideur soudaine à mon égard. *(Mine contrite d'Emily)* De grâce, ne prenez pas cet air gêné, cela sonne faux. *(À Maximilien)* A plus tard mon ami !

EMILY – A plus tard ? Que voulez-vous dire ?

TRISTAN – Et bien ? M'interdisez-vous aussi de voir mes amis ?

EMILY *(à Maximilien)* – Son ami ?

MAXIMILIEN – Eh oui, chère sœur ! Le tout Londres nous tourne le dos. Les salons et les clubs, la cour et tout le tralala de Maman nous a déjà oubliés ! Mais pas notre fidèle Runwald !

EMILY – Tristan, je ne sais comment vous le dire... Vous allez me trouver volage, en considérant ce que je vous ai dit hier, mais ... je dois avouer, je me suis trompée sur vous et vous ne méritiez pas que je vous traite de cette manière. Aussi, si vous le souhaitez, quand vous viendrez voir Maximilien, je serais très heureuse de vous saluer.

TRISTAN *(lui prenant la main et la baisant)* – Je n'y manquerai pas. *(Elle lui prend le bras et ils sortent.)*

MAXIMILIEN – On dirait que ma sœur vient de remplacer Edward ! Elle ne perd pas son temps, celle-là ! Pauvre Tristan ! Il ne mérite vraiment pas ça !

Scène 8 : La comtesse et Maximilien.

LA COMTESSE *(entrant)* – Vous savez ce qu'Edward est venu nous annoncer ?

MAXIMILIEN – Oui.

LA COMTESSE – Qu'en pensez-vous ?

MAXIMILIEN – Qu'il fallait s'y attendre et que dans tout malheur, il y a du bon. Je vais savoir une fois pour toute, qui est mon ami et qui ne l'est pas.

LA COMTESSE – Vous voilà bien philosophe !

MAXIMILIEN *(sèchement)* – Cela ne me coûte rien. Contrairement à vous, je ne regretterai pas Ellen ... *(Il sort.*

La comtesse s'assoit à son bureau pour ranger des papiers et écrire.)

Scène 9: La comtesse et Fletcher.

(Fletcher entre.)

FLETCHER – Madame la Comtesse, je sollicite un entretien.

LA COMTESSE – Soyez bref Fletcher.

FLETCHER – Je me permets de rappeler à Madame que le paiement de mes services nocturnes n'a pas été honoré.

LA COMTESSE – Et je vous rappelle que vous touchez des gages pour être au service de cette maison !

FLETCHER – Pour tout dire à Madame, je suis dans l'impossibilité de payer une dette de jeu, c'est pourquoi j'ose vous demander une prime en plus de mes gages.

LA COMTESSE – Le jeu est un vice, Fletcher.

FLETCHER – Le crime aussi, Madame la Comtesse.

LA COMTESSE *(sèchement)* – Vous insinuez … ?

FLETCHER – Que tuer et découper une jeune femme au scalpel est un vice Madame.

LA COMTESSE – Un scalpel ?

FLETCHER – Celui que j'ai retiré de la trousse chirurgicale de Monsieur Maximilien.

LA COMTESSE *(atterrée)* – Seigneur !

FLETCHER – Que Madame se rassure. J'ai nettoyé les instruments souillés avant de donner la trousse à l'inspecteur Stanhope.

LA COMTESSE – Souillés !

FLETCHER – De sang… Et ce n'est pas tout. J'ai trouvé dans la chambre de Monsieur une chemise tachée de sang et un mouchoir qui contenait un cœur.

LA COMTESSE – Quelle horreur ! Je ne peux pas vous croire !

FLETCHER *(en aparté)* – Tu m'étonnes ! *(tout haut)* Dois-je porter cela à Monsieur Stanhope ?

LA COMTESSE – Non ! Pour l'amour de Dieu, non !

FLETCHER *(en aparté)* – Plus c'est gros et plus ça marche ! *(tout haut)* Pour l'amour de Dieu, Madame, je ferai ce que vous voulez… et aussi pour mille livres sterling !

Tableau VII, scène 9

LA COMTESSE *(se reprenant)* – Vous !... Un maître chanteur !

FLETCHER – Je ne veux pas contraindre Madame. *(Il fait semblant de sortir.)*

LA COMTESSE *(impérieuse)* – Restez Fletcher ! Ici, c'est moi qui sonne et qui congédie ! Vous allez être payé... Dix mille livres !

FLETCHER – Dix mille !

LA COMTESSE – Dix mille livres pour vous taire et prendre le premier bateau pour l'Amérique.

FLETCHER – Que dois-je faire de mes découvertes ?

LA COMTESSE – Brûlez tout.

FLETCHER – Je laisserai à Madame un petit souvenir de mon passage à son service.

(Il sort de sa poche un papier enveloppant un objet et le pose sur le bureau.)

LA COMTESSE *(méfiante)* – Qu'est-ce que c'est ?

FLETCHER – Le scalpel de Monsieur. *(La comtesse déplie le papier.)* Que Madame fasse attention, je ne l'ai pas nettoyé, Madame pourrait se tâcher. *(Il sort.)*

Tableau VIII

RENDEZ-VOUS

Une rue de Londres, la nuit, du brouillard. La même rue que précédemment ou une rue différente.

Scène 1 : Fletcher, Stanhope, Jane, Alan, des passants.

(Jane fait les cent pas en attendant un client. De temps en temps un homme passe. Jane s'approche et le client presse le pas. Fletcher entre de droite une valise à la main deux tickets dans l'autre.)

FLETCHER – Me voilà plus riche que je ne l'avais espéré. J'ai pris un billet de train pour Southampton et un billet en première classe sur un transatlantique en partance pour New-York. Une nouvelle vie commence !

(Stanhope entre de droite mais reste à distance de Fletcher. Jane s'approche.)

JANE *(à Fletcher)* – Salut chéri !

FLETCHER – Dégage mon chemin ! (*Il range les tickets dans son portefeuille.*)

JANE *(à Stanhope)* – Bonsoir mon lapin !

STANHOPE – Bonsoir !

JANE – Inspecteur !

STANHOPE – Chut ! Ne me fais pas repérer ! Causons comme tu le fais avec tes clients.

JANE – Oui, je comprends … Tu veux venir avec moi … mon poulet ?

FLETCHER *(lorgnant Stanhope)* – J'ai l'impression que ce type me suit depuis un moment. Mais avec ce foutu brouillard, je ne suis pas tout à fait sûr qu'il s'agit du même que tout à l'heure ! (*Stanhope et Jane s'éloignent.*) Allons ! C'était une fausse alerte ! En route pour l'Amérique ! (*Il reprend sa valise et sort à gauche. Jane et Stanhope reviennent au centre de la scène.*)

STANHOPE – Merci Jane.

JANE – De rien mon poulet !

STANHOPE – N'insiste pas !

JANE – Ça va ! Ça va ! (*Elle retourne faire les cent pas.*)

Tableau VIII

STANHOPE – Un départ précipité de chez la Comtesse. Une valise. Ce Georges Fletcher doit en savoir long sur les nuits de Gatewood ! Il ne faut pas que je le lâche. (*Il sort à la suite de Fletcher.*)

(*Mary entre, jette des regards inquiets et attend. Alan accoste Jane. Ils sortent ensemble à gauche. Mary reste seule en scène. Elle sort un papier qu'elle lit.*)

MARY – « Sois à 21 heures, Teaspoon Street. J'ai des révélations à te faire. N'en parle à personne. Tu sauras tout et je pourrai tenir toutes les promesses que je t'ai faites. Je t'aime. » Mon Maximilien ! Il me revient ! Mon cœur l'espérait ! Son abandon ne pouvait pas être de son fait ! Il vient me chercher, mais je ne ferai la paix avec lui que s'il rompt définitivement avec son horrible famille.

Scène 2 : Mary.

(*Mary entend un bruit de pas, elle se dirige à droite.*)

MARY – Max ? Maximilien, c'est toi ?

(*Elle a peur, elle recule vers la gauche. Dans le brouillard, un passant la bouscule, elle crie, il continue son chemin. Elle regarde à gauche. On entend de nouveau des bruits de pas à droite. Elle recule encore vers la gauche. Une ombre surgit, Mary hurle. L'ombre la poignarde et s'acharne sur son corps.*)

Scène 3 Mary, Fletcher, Stanhope.

FLETCHER *(revenant de gauche)* – Misère de misère ! Je n'avais pas rêvé, je suis bel et bien suivi ! Ce flic chez la comtesse … Ah, quelle glu ! …Heureusement Georges Fletcher n'est pas né de la dernière pluie ! La filature ça me connaît : un coin de rue, une accélération, une ruelle sombre, l'ombre d'un porche et adieu Inspecteur. Je serai à la gare avant qu'il ne me retrouve celui-là ! *(Fletcher avance à droite, bute contre l'ombre. Bousculée, elle lâche l'arme et s'enfuit. Fletcher tombe en avant en criant. Il tâtonne et touche le cadavre.)* Aah ! Qu'est-ce que c'est ? C'est poisseux et ça pue ! *(Il approche ses mains de son visage pour mieux voir.)* Mais … Mais …ce sont …des boyaux ! *(Il crie d'effroi et recule sur le derrière en s'aidant des mains. Il trouve l'arme et la ramasse.)*

STANHOPE *(en courant, un pistolet à la main)* – Halte là ! Ne bougez plus ou je fais feu ! *(Il tire en l'air.)*

FLETCHER *(hurlant et levant l'arme)* – C'est pas moi ! C'est pas moi ! J'le jure ! Je suis innocent ! Ne tirez plus !

Tableau IX

GEORGES L'EVENTREUR

Même rue que le tableau 1.

<u>Scène 1 : les crieurs.</u>

(Le 1er crieur est seul en scène.)

1er CRIEUR *(survolté)* – Daily Telegraph ! Daily Telegraph ! Daily Telegraph ! Daily Telegraph ! Daily Telegraph ! Daily Telegraph !

(Le 2ème crieur entre, écoute et va s'assoir sur un banc.)

2ème CRIEUR – Tu vois pas qu'y a personne ?

1er CRIEUR *(regardant de tous côtés, surpris)* – Ben mince alors, t'as raison. C'est l'habitude, tu comprends ? Un crieur, ça doit crier, vu qu'c'est payé pour ça ! C'est comme qui dirait d'la confiance professionnelle. *(Il va s'asseoir près du 2ème crieur.)*

2ème CRIEUR *(venant calmement devant la scène)* – Morning Post ... Morning Post ... Morning Post ...

1er CRIEUR *(ahuri)* – Qu'est-ce tu fais ?

2ème CRIEUR – Morning Post ... Morning Post ... Morning Post ...

(Le 1er crieur vient près de son concurrent, il regarde à droite et à gauche au cas où il y aurait un client.)

1er CRIEUR – T'es maboul ou quoi ?

2ème CRIEUR *(gentiment)* – Retourne t'asseoir ! *(Il le raccompagne à son banc et revient au centre de la scène.)* Morning Post !

1er CRIEUR – Arrête hein ! Tu m'énerves !

2ème CRIEUR – Morning Post ...

1er CRIEUR – Tu m'énerves, j'te dis !

2ème CRIEUR - Morning Post ...

1er CRIEUR *(sur un ton plus calme mais ferme)* – Moi, faut pas m'chercher mon vieux. Daily Telegraph ... Daily Telegraph ... Daily Telegraph ...

Tableau IX, scènes 1 et 2

2ème CRIEUR *(montant le ton)* – Morning Post ! Morning Post ! Morning Post !

1er CRIEUR *(montant le ton)* – Daily Telegraph !

2ème CRIEUR – Morning Post !

1er CRIEUR – Daily Telegraph !

2ème CRIEUR – Morning Post !

1er CRIEUR – Daily Telegraph !

2ème CRIEUR *(donnant un coup d'épaule)* – Morning Post !

1er CRIEUR – Daily Telegraph ! *(Il lui rend.)*

2ème CRIEUR *(donnant une tape sur la tête)* – Morning Post !

1er CRIEUR *(rendant une gifle)* – Daily Telegraph !

(Ils se battent à se rouler par terre.)

Scène 2 : les crieurs et les passants 1 et 2.

(Pendant la bagarre, le passant 1, puis 2 entrent en scène, observent incrédules les crieurs, prennent un journal par terre et se mettent à lire sur le banc. Une fois les passants installés, les crieurs se relèvent, le crieur 2 se sauve à droite, poursuivi par le crieur1.)

Scène 3 : les passants 1 et 2, Rupert et Martha.

1er PASSANT – Alors ? Que raconte le Morning Post ?

2ème PASSANT – Oh... pas grand-chose ! Les potins du tout Londres. Un mariage ! La fille de la Comtesse de Chester... Vous savez ? La sœur de celui qu'on croyait être Jack l'éventreur ...

1er PASSANT – Ah oui ? En effet, les journaux n'ont plus rien à raconter depuis quinze jours ! Depuis le dernier meurtre ! ... Alors ... ? Elle se marie avec qui ?

2ème PASSANT *(cherchant)* – Euh... Un certain Runwald. Vous connaissez ?

1er PASSANT – Non. Et vous ?

2ème PASSANT – Non plus. Le journaliste dit que miss Gatewood s'était montrée très entreprenante avec le jeune Runwald, lors du dernier bal donné par le Comte de Paris.

1er PASSANT – A quoi pensait ce journaliste ?

2ème PASSANT – Faut vous dire que la haute société n'emploie pas le même vocabulaire que nous autres qui sommes l'Angleterre d'en bas. Quand le journaliste explique que miss Gatewood est très entreprenante, il veut dire qu'elle a le feu où j'pense !

Tableau IX, scène 3

1er PASSANT – Aah, c'est donc ça ! ?

2ème PASSANT – Et votre journal ?

1er PASSANT – Il parle de Georges Fletcher dit Georges l'éventreur. On annonce que son procès pourrait avoir lieu dans les jours à venir. La Reine serait intervenue en personne pour que les choses aillent vite.

2ème PASSANT – Ça veut dire : vite pendu !

1er PASSANT – Et qu'on en parle plus !

(Martha et Rupert, trottant derrière sa femme, entrent venant de gauche.)

2ème PASSANT *(regardant Martha)* – Tiens ? Elle est toujours là, celle-là ?

1er PASSANT *(soupirant)* – Hélas, on a arrêté Georges trop tôt … *(Ils se remettent à lire, cachés derrière leur journal.)*

MARTHA – Où sont les vendeurs de journaux ?

RUPERT – Je ne sais pas Martha !

MARTHA – Vous pensez qu'on peut se servir soi-même ?

RUPERT *(hésitant)* – Je ne sais pas Martha !

MARTHA – C'est tout de même étrange qu'ils aient abandonné leurs journaux ! Non ?

RUPERT *(hésitant encore plus)* – Je ne sais pas Martha !

MARTHA – Vous croyez que les petits vendeurs vont revenir ?

LES PASSANTS *(baissant le journal)* – l' sait pas Martha !

(Rupert est gêné. Elle hausse les épaules.)

MARTHA – Débrouillez-vous Rupert ! Je passe chez ma couturière et je vous reprends ici dans dix minutes.

RUPERT – Oui Martha. *(Elle sort à droite. Rupert regarde d'un air benêt et indécis les journaux au sol, le fond de la scène vide, le public, les passants assis, hésite longuement, comme s'il attendait de chacun une autorisation. Il avance finalement vers les deux passants, stoppant ses gestes, comme pris en faute, mal à l'aise, dès qu'un passant le regarde. Une fois assis entre les deux passants qui l'ignorent, il contemple à regret les journaux qu'il n'a pas osé ramasser. Enfin sur un ton qui se veut dégagé)* Moi ... je n'ai pas besoin du journal ... *(Les passants lui tournent le dos, agacés.)* Je connais l'affaire Fletcher sur le bout des doigts ... Voyez-vous, je suis, en quelque sorte, l'adjoint de l'Inspecteur Stanhope ....

Tableau IX, scène 3

2ème PASSANT – Vous ?

RUPERT – Oui ... Moi ! Comme le docteur Watson avec Sherlock Holmes.

1er PASSANT – Vous ? Dans la police ? Avec votre air abruti ? Ça m'étonne qu'on ait réussi à arrêter Jack l'éventreur !

RUPERT – Erreur Monsieur ! Double erreur ! On ne l'a pas arrêté ! L'éventreur de Whitechapel court toujours, soyez-en sûr !

1er PASSANT – Et l'autre erreur ?

RUPERT – Ben... je suis pas un abruti !

2ème PASSANT – Mais non ! Mais non ! Vous êtes rusé, ça se voit tout de suite ! Et bien racontez-nous !

1er PASSANT – C'est ça, racontez !

RUPERT *(au 1er passant)* – Ah ah ! Je ne suis plus aussi abruti que cela maintenant ? Hein ? (*Le 2ème passant fait des signes de connivence au 1er.*)

1er PASSANT – Mais comment donc ! ? Faites excuses, vous avez un air... qui trompe son monde.

RUPERT *(satisfait)* – Alors voilà ! Depuis son arrestation, Georges Fletcher crie son innocence sur tous les tons.

2ème PASSANT – Peuh… ! Il a été pris sur le fait !

RUPERT – Seulement voilà messieurs, l'excellent Inspecteur Stanhope, dont je suis le principal collaborateur dans cette affaire, croit que Fletcher n'est pas Jack l'éventreur.

2ème PASSANT – D'où venait l'argent qu'il avait sur lui ?

RUPERT – Il refuse de le dire.

1er PASSANT – Alors ?

RUPERT (*sur le ton du suspens*) – Alors … Alors … Alors … (*embêté*) Je ne suis que l'assistant ! (*Les passants déçus lui tournent le dos.*) Mais demain matin, j'accompagne l'inspecteur Stanhope chez la Comtesse.

MARTHA (*revenant de droite et allant à gauche*) – Rupert ! A la maison !

1er PASSANT (*avec un coup de coude à Rupert*) – Tiens ! Mémère appelle son toutou !

(*Rupert se lève pour rejoindre Martha en trottant, il lui passe devant et prend un coup de pied au derrière.*)

2ème PASSANT – Au pied Rupert ! Au pied ! (*Martha hausse les épaules et sort.*)

Tableau X

DENOUEMENT

Décor : le salon de la Comtesse.

Scène 1 : Stanhope, la comtesse, Maximilien, Edward, Rupert.

(La Comtesse, Maximilien, Edward sont assis dans le salon, en silence et ne se regardent pas. Stanhope et Rupert Fix sont debout, la réunion a commencé.)

STANHOPE – Je vous ai réunis pour établir la vérité sur les derniers meurtres de Jack l'éventreur.

MAXIMILIEN – Stanhope, vous êtes décidément toujours aussi désagréable !

STANHOPE – Je vous demande pardon ?

MAXIMILIEN – La vérité nous la connaissons tous. N'avez-vous pas prouvé vous-même que je n'étais pas le meurtrier de cette pauvre Mary ?

Dénouement

STANHOPE – En effet.

MAXIMILIEN – Alors je ne comprends pas ce que vous faites encore chez moi !

STANHOPE – N'est-ce pas étrange que le meurtrier de cette pauvre Mary, comme vous dites, a choisi pour dernière victime la fille d'un commerçant, tandis qu'il ne s'attaquait qu'à des prostituées auparavant ? Plus étonnant encore, vous l'ignorez sûrement, le corps de Miss Stonel a été très mal incisé. Un véritable déchiquetage ! Alors que précédemment l'assassin disséquait très habilement les cadavres.

MAXIMILIEN – Et vous en concluez ?

STANHOPE – Trois choses ! La première : le meurtrier de Mary Stonel n'est pas Jack l'éventreur. La deuxième : vous êtes innocenté du meurtre de Mary Stonel, puisqu'on vous surveillait au moment du crime, mais vous êtes toujours soupçonné d'être l'éventreur de Whitechapel.

LA COMTESSE – Des accusations sans preuves ! Je vous avertis, Inspecteur Stanhope, cessez de nous calomnier ou votre carrière sera brisée !

STANHOPE – Monsieur Fix, faites entrer Monsieur Fletcher s'il vous plaît.

RUPERT – Tout de suite, Monsieur l'Inspecteur.

Tableau X, scène 1

STANHOPE - Troisième conclusion : quelqu'un tient à faire croire que Jack l'éventreur est l'assassin de Mary Stonel.

(Rupert et Georges entrent. Les autres le regardent de travers.)

FLETCHER – Je suis innocent, vous m'entendez, innocent !

STANHOPE – Je sais Fletcher, je sais ! Vous étiez riche et sur le point de partir en Amérique. Vraiment, vous n'avez aucun mobile plausible pour ce crime.

FLETCHER – Mais si vous savez, pourquoi me gardez-vous en prison ?

STANHOPE – Je n'ai personne d'autre sous la main ! Vous étiez là, au pied du corps de Miss Stonel, l'arme à la main. Mettez-vous à ma place, les apparences étaient contre vous j'ai cru bon de vous arrêter. Mes supérieurs, le ministre et la reine sont satisfaits de moi. Vous voyez, votre arrestation arrange tout le monde !

EDWARD – Quel cynisme ! C'est scandaleux ! Pauvre bougre ! *(Il va serrer la main de Fletcher.)* Courage Fletcher ! Vous pouvez compter sur moi.

FLETCHER – Mais je vais être pendu ! Pendu !

RUPERT – Silence ! Saloperie d'éventreur !

Dénouement

STANHOPE – Et oui ! Il en faut bien un ! C'est injuste pour vous, je sais. Permettez-moi cependant de vous rappeler que j'ai essayé de vous aider et que vous n'y avez pas mis du vôtre.

FLETCHER – Mais que vous faut-il ?

STANHOPE – Le nom du meurtrier bien sûr !

FLETCHER – Je ne sais pas qui a fait le coup ! Elle était morte quand je suis arrivé, j'ai heurté le tueur, je suis tombé et vous êtes arrivé !

STANHOPE – Je ne demande qu'à vous croire, mais vous ne me dites pas toute la vérité. Reprenons les choses dans l'ordre. Je vous suivais depuis cette maison. Vous en êtes sorti avec beaucoup d'argent. Qui vous a remis ce pactole ? Et pourquoi ? ….

FLETCHER – L'argent est à moi ! Ce sont mes économies.

STANHOPE *(haussant les épaules)* – Vous savez quelque chose qui a un rapport avec les meurtres, alors il faut parler ou mourir pendu à la place d'un autre.

RUPERT – Au gibet !

FLETCHER – Pitié !

Tableau X, scène 1

STANHOPE – Parlez !

FLETCHER *(cherchant ce qu'il pourrait bien lâcher)* – J'ai vu sir Smith-Anjou cacher un scalpel taché de sang dans ce meuble.

LA COMTESSE – Comment … ? *(en aparté)* Mais alors … Maximilien ?

EDWARD – C'est faux ! Ce salopard raconterait n'importe quoi pour échapper à la corde ! *(Il se précipite sur Fletcher, Rupert et Maximilien le retiennent.)* Pendez-le ! Pendez-le ! *(Il repousse Rupert qui lève les bras pour se protéger le visage.)*

MAXIMILIEN – Reprenez-vous Edward !

LA COMTESSE *(sarcastique)* – La famille Smith-Anjou oublie son rang !

STANHOPE – Détrompez-vous, sir Edward, ce que vient d'avouer Fletcher, concorde tout à fait avec ceci ! *(Il tend le bouton de manchette.)*

EDWARD – Un bouton de manchette !

STANHOPE – Il porte trois lettres E-S-A.

RUPERT – Celui qu'on a trouvé à côté de Wendy Pike !

FLETCHER – E-S-A comme …

MAXIMILIEN – Edward Smith-Anjou !

STANHOPE – Voilà Fletcher, un monsieur qui pourrait vous remplacer dans le rôle du condamné à mort !

EDWARD – Inspecteur, je vous jure que je ne suis pas un meurtrier !

STANHOPE – Que faisiez-vous avec Wendy Pike cette nuit-là ?

EDWARD *(gêné)* – J'étais saoul ! Je ne me souviens de rien ! Je ne sais même pas comment je suis rentré chez moi ! Je me suis réveillé devant ma porte et j'avais ce foutu scalpel dans la poche ! Alors, dans l'après-midi, en apprenant que Maximilien était soupçonné …

STANHOPE – Vous vous êtes débarrassé du scalpel dans cette maison, c'est bien cela ?

(Edward acquiesce.)

LA COMTESSE – Mon Dieu !

MAXIMILIEN – Espèce de salaud !

(Maximilien se précipite sur Edward pour lui flanquer un coup de poing, mais Rupert qui veut s'interposer prend le coup, il en a le souffle coupé. Stanhope sépare Maximilien et Edward.)

Tableau X, scène 2

Scène 2 : les mêmes, Tristan et Emily.

EMILY *(enjouée)* – Ah ! Quelle journée ! ... Oh ! Inspecteur !... Je vous avais chassé de mes pensées ! Venez Tristan, ne restons pas en si mauvaise compagnie !

EDWARD *(reconnaissant Tristan)* – Attendez ! Vous ! ...Vous ! ... Je vous connais !... Je me souviens maintenant ! Vous vous appelez ...Philip... Philip quelque chose !

TRISTAN *(embarrassé)* – Vous faites erreur ! Nous ne nous sommes jamais rencontrés !

EDWARD – Si si, j'en suis sûr ! Nous étions ensemble à cette taverne !

STANHOPE – Les Roses d'Amanda ?

EDWARD – Oui ! Le jour du meurtre de la prostituée.

TRISTAN – Mais non !

MAXIMILIEN – Mais si voyons, tu y étais, puisque je t'avais demandé de m'y retrouver !

TRISTAN *(gêné)* – Ah ! Ce jour-là ... ?

FLETCHER – Je m'en souviens aussi ! Vous aviez eu, le jour même, une dispute avec miss Emily.

Dénouement

EDWARD *(réfléchissant)* – Emily ... Emily... Oui, nous avons parlé de la famille Gatewood. Et c'est vous... vous qui m'avez reconduit chez moi ! Vous vous appelez ...

TRISTAN – Peu importe !

MAXIMILIEN – Tristan Runwald.

EDWARD – Mais c'est le nom de ... enfin le ... !

LA COMTESSE – Votre digne remplaçant mon cher !

EDWARD – Tout s'éclaire à présent ! Quand vous avez appris de ma bouche qu'Emily se fichait pas mal de vous et que notre mariage était arrangé depuis des lustres, vous avez décidé de vous venger !

TRISTAN – Vous divaguez !

EDWARD – Vous m'avez raccompagné et nous sommes forcément passés à côté du cadavre de Wendy Pike ! Je ne m'en souviens pas, mais c'est la seule explication possible ! Là, vous avez coupé mon bouton de manchette et glissé le scalpel dans ma poche !

RUPERT – C'est donc ça ? Et moi qui croyais ... *(Il est amusé, tout seul dans son monde, comme si on lui avait joué une bonne blague. La Comtesse le regarde avec consternation.)*

STANHOPE – Tout cela se tient, sir Runwald !

Tableau X, scène 2

MAXIMILIEN – Dis quelque chose, Tristan ! Défends-toi !

TRISTAN – Et bien … ! Je ne voulais pas mais …

EMILY – Mais quoi ?

TRISTAN *(abattu)* – Aah ! A quoi bon mentir ! Tout s'est passé comme il l'a dit !

EMILY *(repoussant Tristan)* – Goujat !

EDWARD – Ignoble crapule !

TRISTAN – Je t'aimais Emily ! Tu m'as trahi et j'ai perdu la tête un moment ! Un moment seulement ! Ne me jetez pas la pierre, je ne vois personne d'assez propre dans cette maison pour me donner des leçons de morale.

LA COMTESSE – Vous m'insultez sous mon toit, Monsieur !

STANHOPE – Vous laverez votre linge sale plus tard. Vous êtes donc passé près de Wendy ?

TRISTAN – Oui, elle baignait dans son sang. Il n'y avait personne d'autre que Smith-Anjou et moi.

STANHOPE – Où est ce scalpel, Fletcher ?

FLETCHER – Je l'ai remis à Madame la Comtesse.

Dénouement

STANHOPE – Madame la Comtesse je vous prie de me remettre ce scalpel ?

LA COMTESSE – Je ne l'ai plus ! Je m'en suis débarrassée. Vous le donner c'était passer moi-même la corde au cou de mon fils.

STANHOPE – Débarrassée de quelle manière ?

LA COMTESSE – Je l'ai jeté dans la Tamise.

STANHOPE – Vous indiquerez à mes hommes l'endroit exact, nous avons une petite chance de le retrouver s'il a coulé à pic. A moins que l'un de vous … ne reconnaisse ceci. *(Il sort le scalpel de sa poche.)*

RUPERT – Ah ! Il l'a trouvé !

EDWARD – Je le reconnais, c'est bien l'instrument que j'ai caché ici.

STANHOPE – Nous ne savons pas qui est Jack l'éventreur, mais nous savons qui a tué Mary !

MAXIMILIEN – Vous voulez dire … ?

STANHOPE – La Comtesse de Chester bien sûr !

EMILY – Pauvre fou !

Tableau X, scène 2

STANHOPE – Vous n'étiez pas surveillée aussi étroitement que votre fils. Vous avez donné rendez-vous à Mary Stonel dans le quartier de Whitechapel. Vous l'avez assassinée avec le scalpel que vous a remis Fletcher.

RUPERT – Pour quel motif, inspecteur ?

STANHOPE – Elémentaire, mon cher Fix !

RUPERT – Comme vous le dites bien !

STANHOPE – Convaincue que son fils était le véritable Jack l'éventreur, elle a voulu détourner les soupçons de lui. Elle a donc décidé de tuer quelqu'un pour faire croire que Jack était toujours en liberté. Et elle a choisi Mary Stonel parce qu'elle la tenait pour responsable de la déchéance de son fils.

LA COMTESSE – C'est une pure invention ! Des preuves ! Des preuves !

STANHOPE – Fletcher, avouez que cet argent vous a été donné par Lady Gatewood ! C'est votre dernière chance de vous en sortir.

FLETCHER – J'avoue. J'ai fait chanter Madame la Comtesse après l'avoir convaincue que j'avais trouvé ce scalpel ensanglanté dans les affaires de Monsieur Maximilien.

STANHOPE *(à Fletcher)* – En cela, vous avez votre part de responsabilité dans la mort de Mary Stonel. *(à la Comtesse)* Voilà pour votre mobile, chère Comtesse. Et maintenant les preuves. Il y a d'abord le scalpel. Vous aurez beaucoup de mal à expliquer comment il est passé de vos mains au cadavre de Mary. Ensuite, en comparant votre écriture, et l'écriture de ce billet « Sois à 21 heures, Teaspoon Street… », trouvé sur la victime, on devrait prouver que c'est vous qui avez donné rendez-vous à Mary Stonel.

MAXIMILIEN – Mère !

STANHOPE – Monsieur Fix, faites sortir tout le monde. Madame la Comtesse, je vous laisse dire adieu à vos enfants. *(Maximilien prend le billet, le lit et le rend.)*

Scène 3 : Emily, Maximilien et la Comtesse.

MAXIMILIEN – Mère, qu'avez-vous fait ?

LA COMTESSE – Rien dont je doive rougir !

MAXIMILIEN – Mary méritait-elle de mourir ?

EMILY – Ne nous parle plus d'elle ! Tu es sauf ! Notre nom est sauf !

MAXIMILIEN – Ainsi notre nom valait plus que sa vie ? C'est monstrueux ! Ma pauvre Mary !

Tableau X, scène 3

EMILY – Imbécile, tu ne comprends rien ! Courage, mère, je ferai front avec vous ! Un petit inspecteur ne peut rien contre les cousins de la reine ! Nous le briserons !

MAXIMILIEN – Vous me faites horreur ! Je vous déteste ! Que Dieu me pardonne d'avoir trahi mon amour ! Adieu !

(Il sort. Emily et la Comtesse s'étreignent.)

Tableau XI

EPILOGUE

Décor : la rue, même décor que le tableau 1. Il fait de plus en plus sombre sur scène pour arriver à la nuit à la fin du tableau.

Scène 1 : les crieurs.

(Le 1er est sur scène avec un œil au beurre noir, le deuxième entre une fois le rideau ouvert, avec une incisive de moins. Aussitôt Tous deux portent des bandages ou des pansements sur le visage. Aussitôt l'entrée du 2ème crieur, ils cachent derrière leur dos la sacoche qui contient les journaux.)

2ème CRIEUR – Hé ! Salut !

1er CRIEUR – Salut mon vieux ! Alors ?

2ème CRIEUR – Viré !

1er CRIEUR – Moi aussi !

Epilogue

2ème CRIEUR – Ils ont pas aimé que j'ai perdu les journals !

1er CRIEUR – Moi tout pareil ! ... euh ... tu m'en veux plus pour ton œil ?

2ème CRIEUR – T'inquiète ! Et toi, pour ta dent ? Tu m'fais la gueule ?

1er CRIEUR – Tu parles ! *(Il fait un grand sourire qui dévoile la dent manquante.)*

2ème CRIEUR – Alors ... ? On se serre la main ? *(Ils le font.)*

1er CRIEUR – Alors, qu'est-ce tu fais maintenant ? Tu cires les godasses ? Tu vends des clopes ?

2ème CRIEUR – Ah non ! J'suis habitué aux journals alors j'suis resté dans les journals !

1er CRIEUR – Comme moi ! Tout pareil ! Finalement, on a beau dire qu'on est des gosses des rues, j'crois plutôt qu'on serait des intellectuels !

2ème CRIEUR – Ouais, des intellectuels de la rue, sauf qu'on a pas des lunettes !

1er CRIEUR – C'est normal, vu qu'on voye bien ...

2ème CRIEUR – Et pis qu'en plus ... on n'a pas d'oseille pour s'en acheter !

1er CRIEUR – En plus ! ...Alors, quel journal tu vends ?

2ème CRIEUR *(gêné)* – Ben, j'crois bien qu'j'ai pris ta place quand ton patron t'a viré ! *(Il montre les journaux qu'il tenait cachés.)*

1er CRIEUR – Ah ! Elle est bien bonne celle-là ! Moi j'ai pris la tienne ! *(Il montre les siens.)*

<u>Scène 2 : les mêmes et le 1er passant.</u>

2ème CRIEUR – Morning Post .... Morning Post .... Mais qu'est-ce que je chante, moi ? J'me goure de canard ! Il est temps que la journée s'termine !

1er PASSANT – Hep, petit ! Donne-moi le Morning Post !

2ème CRIEUR – Excusez-moi M'sieur, mais depuis ce matin, je vends le Daily Telegraph !

1er PASSANT – Hein ?

2ème CRIEUR – Mais, mon copain peut vous fournir le Morning Post, pas vrai ?

1er CRIEUR – C'est exact monsieur, depuis ce matin, j'ai changé de boîte ! J'en avais marre de mon patron ... ! Je l'ai viré …! Maintenant je suis dévoué tout entier au Morning Post.

1ᵉʳ PASSANT – Parfait, j'en prends un !

1ᵉʳ CRIEUR – Ça va pas être possible, monsieur !

1ᵉʳ PASSANT – Comment ça !?

1ᵉʳ CRIEUR – Je ne voudrais pas priver mon collègue d'un client qu'il a reluqué avant moi.

1ᵉʳ PASSANT – Donne-moi ce journal, petit !

1ᵉʳ CRIEUR – Ce serait pas loyal… ! Je refuse.

1ᵉʳ PASSANT – Qu'est-ce que tu me racontes ? Je veux acheter mon journal habituel, un point c'est tout. (*Il tend la main pour se servir.*)

1ᵉʳ CRIEUR – Bas les pattes, camarade !

1ᵉʳ PASSANT – Ça par exemple ! Vas-tu me vendre ce journal, oui ou non ?

2ᵉᵐᵉ CRIEUR – Vends-y lui !

1ᵉʳ CRIEUR – Non !

2ᵉᵐᵉ CRIEUR – Vends-y lui, j'te dis ! Si tu vends rien, tu s'ras obligé d'virer ton patron ce soir !

Tableau XI, scène 3

1er CRIEUR – Deux patrons la même journée ? ! Ça fait pas sérieux ! Tenez ! Le v'là votre canard.

(Le passant tend une pièce et prend le journal.)

1er PASSANT – Anarchiste ! *(Il va s'asseoir sur un banc pour le lire.)*

Scène 3 : les passants et Rupert.

(Rupert et le 2ème passant entrent pendant que les crieurs sortent de l'autre côté en criant le nom de leur nouveau journal.)

2ème PASSANT – Bonjour ! Regardez qui je vous amène !

1er PASSANT – Monsieur Fix ! Sans sa maîtresse ?

RUPERT – Oh ! Je n'ai pas de maîtresse, Monsieur ! Je n'en ai jamais eu ! Martha ne voudrait pas !

1er PASSANT *(clin d'œil au 2ème passant)* – Comme je vous comprends ! Quand on a une Martha, on n'a pas besoin d'une maîtresse ! Une Martha, c'est déjà beaucoup de soucis !

RUPERT *(regardant derrière lui, inquiet)* – Elle n'est pas toujours facile, vous savez …

Epilogue

2ème PASSANT *(clin d'œil au 1ᵉʳ passant)* – C'est un dragon, vous voulez dire !

1ᵉʳ PASSANT – Débarrassez-vous en, mon vieux !

RUPERT *(effrayé)* – M'en débarrasser ? M'en débarrasser ? Comme vous y allez ! Est-ce qu'elle serait d'accord ?

2ème PASSANT – Vous avez des appuis à Scotland Yard, on ne vous soupçonnerait même pas !

1ᵉʳ PASSANT – C'est sûr ! On soupçonnerait Jack l'éventreur.

RUPERT *(effrayé)* – Jack l'éventreur ! Tuer Martha ! Ah ! Taisez-vous ! Taisez-vous misérables !

2ème PASSANT – Ça va, ça va ! On plaisantait mon vieux ! Dites-nous plutôt si votre ami inspecteur a arrêté un nouvel éventreur ?

RUPERT *(effrayé)* – Et bien… oui, en effet. Il a arrêté la Comtesse elle-même.

1ᵉʳ PASSANT – Voyez-vous ça !

RUPERT – Victoria Gatewood, Comtesse de Chester, était l'assassin de Mary Stonel.

Tabeau XI, scène 3

1ᵉʳ PASSANT – Pourquoi les journaux n'en disent-ils rien ?

(Rupert hausse les épaules.)

2ᵉᵐᵉ PASSANT – Que dit le vôtre ?

1ᵉʳ PASSANT – Georges Fletcher libéré ... blablabla ... Jack l'éventreur court toujours ... blablabla ... Le mariage d'Emilie Gatewood repoussé ...blabla... *(Baissant le journal)* Rien de nouveau concernant l'éventreur de Whitechapel ! L'enquête est embourbée, c'est lamentable !

RUPERT – Ben ça alors !

MARTHA *(dans les coulisses, sur tous les tons)* – Rupert ! Rupert !

RUPERT – Martha ! Déjà ? *(s'accrochant aux passants)* Cachez-moi s'il vous plaît !

MARTHA – Rupert ! Rupert !

2ᵉᵐᵉ PASSANT – Ah non ! Débrouillez-vous !

MARTHA – Rupert ! Rupert !

(Ils sortent, Rupert se cache derrière le banc, Martha traverse la scène, en appelant plusieurs fois très sèchement.)

Scène 4 : Rupert et Stanhope.

RUPERT *(sortant de sa cachette)* – Elle m'embête à la fin ! *(se reprenant)* Oh ! Qu'est-ce que je dis, moi ! ? Il ne faut pas parler de Martha comme ça ! ... *(Il regarde derrière lui.)* C'est pas moi ! C'est lui ! *(Avec un ton dur et des gestes menaçants)* Martha est une mégère, une harpie, une ogresse, elle me ronge les nerfs ! Y a des jours où je lui... où je la... *(L'inspecteur entre.)* Tais-toi ! Tais-toi ! Prends ça ! *(Il se gifle.)*

STANHOPE – Fix ! Quelque chose ne va pas ?

RUPERT *(Surpris et gêné de la présence de l'inspecteur il se reprend.)* – Ne faites pas attention ! Je suis content de vous voir. Je me doutais que vous passeriez dans le coin ! Alors ? Est-ce qu'il n'est pas trop indiscret de vous demander ce qui est arrivé après l'arrestation de la Comtesse ?

STANHOPE – On m'a remercié...

RUPERT – Félicitation !

STANHOPE – Non ! Je veux dire par là que j'ai été renvoyé de Scotland Yard.

RUPERT – Ah bien ça c'est fort ! Qu'est-ce qui leur a pris ?

Tableau XI, scène 4

STANHOPE – Mon supérieur a reçu cet ordre du ministre de la police qui l'a lui-même reçu de plus haut.

RUPERT – Vous voulez dire de …

STANHOPE – Chut !

RUPERT *(plus bas)* – La cousine au bras long ? *(Il fait un geste signifiant la couronne.)*

STANHOPE *(opinant)* – La Comtesse a été libérée deux heures après son arrestation.

RUPERT – Pauvre Mary Stonel ! On ne lui rendra donc jamais justice ?

STANHOPE – Officiellement, le ministère refuse les preuves que j'ai apportées. On ne peut être formel ni sur l'auteur du billet remis à Mary Stonel, ni sur la provenance du scalpel. Edward Smith-Anjou est revenu sur sa déclaration. Il ne reconnaît plus le scalpel du meurtre comme étant celui qu'il a caché chez la Comtesse.

RUPERT – Ah quel toupet ! Le sale menteur !

STANHOPE – Mais officieusement, la Comtesse a reçu l'ordre de s'exiler de l'empire de sa majesté.

RUPERT – Où part-elle ?

Epilogue

STANHOPE – En Amérique. Et la meilleure savez-vous, c'est qu'elle prend le même transatlantique que son majordome Georges Fletcher !

RUPERT – Avec sa famille j'imagine ?

STANHOPE – Mademoiselle Emily accompagne sa mère. Tristan Runwald aussi. Je crois qu'il espère encore épouser l'héritière Gatewood. Maximilien a disparu. On murmure dans les clubs, qu'il serait en France et qu'il aurait changé de nom.

RUPERT – Et Jack l'éventreur ? Qui l'arrêtera un jour ?

STANHOPE – Pas moi en tous cas ! Pendant un temps, j'ai vraiment pensé que Maximilien était le coupable. Mais je manquais de preuves. Aujourd'hui je ne sais plus. Il faut espérer que Jack ne réapparaisse plus ou qu'il commette une erreur.

RUPERT – Qu'allez-vous devenir ?

STANHOPE – J'ai bien envie d'accompagner Victoria Gatewood en Amérique ! Le New-York Times s'intéressera peut-être à cette affaire ? Je veux que le souvenir du meurtre de Mary la poursuive où qu'elle aille.

RUPERT – Quel dommage que vous partiez ! Nous faisions une sacrée équipe !

Tabeau XI, scène 5

STANHOPE – Allez ne faites pas cette tête ! Nous sommes en vie, n'est-ce pas ? *(sortant de sa poche le scalpel)* Tenez ! Voici pour vous !

RUPERT – Le scalpel !

STANHOPE – La justice n'en veut pas pour pièce à conviction. Je vous l'offre en souvenir ! Adieu Monsieur Fix !

(Il lui serre la main, Fix reste fasciné par le scalpel.)

Scène 5 : Rupert et Martha.

RUPERT *(le portant à l'avant-scène comme un enfant tient un trésor)* – Le scalpel ! Ben ça alors ! Le scalpel !

MARTHA *(dans les coulisses)* – Rupert !

RUPERT *(sur le ton d'une confidence enfantine)* – J'arrivais plus à mettre la main dessus !

MARTHA *(dans les coulisses)* – Rupert !

RUPERT – J'ai cru un temps l'avoir laissé dans le ventre de Wendy Pike.

MARTHA *(entrant)* – Ah ! Rupert ! Rupert ! *(Il se prend la tête comme s'il était pris d'une forte migraine.)* Vous êtes sourd mon p'tit bonhomme ! Voilà une demi-heure que je vous cherche ! Que faisiez-vous ? Avec qui étiez-vous ? ...Vous avez bu ? ... Répondez-moi ! ...

Epilogue

RUPERT *(à lui-même)* – Oh ! Ces pensées! C'est horrible ! Tais-toi, va-t-en !

MARTHA *(le brusquant)* – Il va falloir filer doux mon ami ! Vous êtes vraiment minable ! Il faut tout vous dire ! Mais qu'est-ce que j'ai fait au bon Dieu pour être affublée d'un mari pareil ! *(Il reçoit un coup, il crie.)* Je dois penser à tout ! *(un coup, il crie)* Pourvoir à tout ! *(un coup, il pleure)* La nuit arrive, et à cause de vous, nous sommes encore dans ce fichu quartier de Whitechapel ! Je ne peux même pas compter sur vous pour me défendre contre les poivrots et les femmes vulgaires ! *(un coup)* Ne parlons pas des voyous ! *(un coup)* Tenez ! Vous n'êtes pas un homme ! *(Elle l'empoigne et le fiche parterre.)* Allons en route, minable !

(Il reçoit un coup de pied. Il se relève. Il s'avance vers elle menaçant et soufflant bruyamment. Son visage est transformé par la colère et la haine. Elle recule essaie de s'échapper.)

MARTHA – Rupert ? Que faites-vous ? Rupert ? Mon Dieu ! Non ! Non ! Rupert !

(Il hurle de rage. Dans le noir total, on entend Martha hurler et Jack s'acharner sur elle. Silence.)

RUPERT *(d'une voix rauque)* – Mauvaise Martha ! J'en mangerai pas !

FIN

Table

T1- UN ASSASSIN DANS LONDRES 11

T2- LA FAMILLE GATEWOOD 31

T3- TRAHISONS 51

T4- UN CRIME 77

T5- WENDY A LA UNE 85

T6- SCANDALE 91

T7- VENGEANCES 111

T8- RENDEZ-VOUS 127

T9- GEORGES L'EVENTREUR 131

T10- DENOUEMENT 139

T11- EPILOGUE 153

JACK L'EVENTREUR

Pièce présentée pour la première fois
le 14 novembre 2010
à la salle Gustave Beignon
par la troupe « Les comédiens de Thorigny ».

11 tableaux et 3 décors
23 rôles au moins,
12 hommes, 8 femmes, 2 adolescent(e)s,
des figurants

distribution par ordre d'apparition :

1er Crieur : Jessy G.
Mary Stonel : Fabienne G.
Maximilien Gatewood : Henri M.

des passants : Denise B, Annie P, André M, Denis S, Rosee T, Evelyne T, Maël C, Michel F, Vincent R.

Georges Fletcher : Philippe B.
2ème crieur : Charles M.
1er Passant : Jean-Pierre R.
Rupert Fix : Daniel C.
Martha Fix : Aurélie M.
2ème Passant : Christian C.
Whilliam Stanhope : Jean-François T.
Victoria Gatewood : Blandine M.
Ellen Smith-Anjou : Margaux C.
Tristan Runwald : Fabrice P.
Emily Gatewood : Anna H.
Jane : Léonie B.
Wendy Pike : Solange M.
Amanda Payton : Céline S.
Brian : Nathan T.
Alan : Bernard M.
Eddy : Adrien B.
Joe : Malte H.
un client de la taverne : André D.
Edward Smith-Anjou : Cyrille S.
l'agent : Gilles R.

Mise en scène : Daniel D

Son et lumière : Yannick M

Machinistes : Denis S et les acteurs

Décor et costumes : AEP St Paul du Bois

Souffleuses : Estelle G, Christine R, Marie-Andrée C

Maquilleuses : Karine M, Valérie W

Coordination : Liliane M et les bénévoles de l'association

Du même auteur

2 pièces de théâtre :

COMPERE GUILLERI,
Pièce présentée en 2000
par « Les Comédiens de Thorigny »
Non publiée à ce jour

LES CONTRARIETES,
pièce non présentée,
non publiée à ce jour

Impression : BoD-Books on Demand, Norderstedt, Allemagne

ISBN : 978-2-322-01400-2
Dépôt légal : 02/2015